LK 3579

TABLEAUX PITTORESQUES

DE LA TESTE,

DES LANDES

ET DES ENVIRONS DU BASSIN D'ARCACHON.

TABLEAUX

PITTORESQUES

DE LA TESTE,

DES LANDES ET DES ENVIRONS

DU BASSIN D'ARCACHON,

SUIVIS

D'un Indicateur de l'Étranger sur le Chemin de Fer de Bordeaux à La Teste.

Par de B***,
Habitant des Landes.

BORDEAUX,
IMPRIMERIE CAUSSEROUGE, PLACE PUYPAULIN, N° 1.
1852.

AVERTISSEMENT.

—

On a beaucoup écrit sur les Landes depuis plusieurs siècles. Cette contrée excite la curiosité et même l'intérêt des spéculateurs; elle a été aussi l'objet d'une attention particulière de la part de ces hommes qui se vouent par goût et par caractère aux intérêts de l'humanité. Tous en ont parlé diversement, sans s'apercevoir qu'ils considéraient les Landes sous un point de vue trop général, et qu'ils renfermaient dans leur cercle de perfectibilité les huit cents lieues carrées qui forment cette grande Thébaïde, sans avoir égard à quelques localités exceptionnelles. C'est rêver l'impossible que de vouloir assujettir immédiatement une province tout entière à un plan d'amélioration. Il est ordinairement sage de planter des jalons là où les éléments de prospérité semblent devoir se développer avec plus de facilité. On aurait bientôt reconnu que les environs de Bordeaux et de Bayonne se trouvent sous des conditions meilleures que les Landes du Centre; le sol, l'atmosphère et le voisinage des grandes villes, leur donnent des avantages que n'ont pas les grandes Landes. On comprendra encore que celles qui sont situées dans l'extrémité de l'angle formé par l'Adour et l'Océan et celles qui bordent le bassin d'Arcachon, avec leurs beaux lacs, leurs rivières, leurs communications journalières avec Bordeaux et le port de La Teste, sont celles qui offrent évidemment le plus d'intérêt, et celles dont la civilisation doit être beaucoup plus avancée. Il faut dire encore que peu de personnes ont vu les Landes scrupuleusement par elles-mêmes; les bons ouvrages sur cette contrée sont rares et peu connus : nous en citerons un pourtant dont la lecture a modifié bien des opinions, et qui est dû à la plume élégante d'un ancien préfet dans ce pays (1). Il faut avoir eu des relations continuelles avec les Landais de toutes les classes, avoir étudié cette contrée avec tout l'intérêt que la propriété peut faire naître, pour être suffisamment éclairé sur un pays qui n'est pas encore connu. On s'est plu à en exagérer les habitudes et les mœurs, par suite de ce goût qui fait aimer tout ce qui s'éloigne de l'ordinaire des choses d'ici-bas. On croirait, en vérité, que les Landes sont à mille lieues de nous et à mille ans de notre civilisation, lorsqu'il n'est pourtant rien de tout cela. La population des environs du Bassin d'Arcachon est beaucoup plus avancée en connaissances et en

---

(1) *Etudes administratives sur les Landes*, par M. le baron d'Haussez, chez Garillan-Gaury, à Paris, et à Bordeaux chez Lawalle.

industrie que la plupart des localités qu'un savant bien connu s'est plu à distinguer par des couleurs flatteuses. Seulement, la culture des terres y est abandonnée, non parce que les terres ne peuvent produire, mais parce que les Landais préfèrent se livrer à plusieurs moyens d'existence qui ont été jusqu'à présent la source de leur bien-être. Notre projet, dans cet opuscule, est donc de dire ce qui est, et rien que ce qui est. Membre d'une colonisation qui s'est établie sur les lieux mêmes, nous avons eu nécessairement des rapports fréquents et continuels avec la population de ce pays, et nous avons eu le temps de bien méditer sur cette intéressante contrée dont La Teste est le chef-lieu.

DE LA TESTE

ET

Des Landes d'Arcachon.

—

Le petit port de La Teste se trouve situé à treize lieues et demie de Bordeaux; avant d'y arriver, il faut traverser cette métropole de la Guienne, riche de ses navires et fière de sa beauté. Il reste encore à parcourir vers l'ouest cinq lieues d'une belle route bordée de pins résineux et ornée de jolies maisons de campagne, de styles différents, lorsque subitement on croit passer dans un autre monde; on ne voit plus que le ciel et cette vaste plaine de landes qui est partagée à perte de vue par la route malheureusement inachevée, et pourtant classée depuis bien longtemps. C'est là que rien n'indique la présence de l'homme sur cette terre. Le silence règne partout; les roues fendent péniblement et sans bruit le sable qui roule dans l'ornière; la voiture se balance comme ferait une nacelle; le chevaux tendent leurs traits et arrachent lentement et laborieusement la charge qu'ils ont à traîner. (1) On serait tenté de

---

(1) On comprend que cette description, exacte à l'époque où elle fut écrite, en 1839, ne l'est plus depuis l'établissement du chemin de fer et l'achèvement de la route.

On trouvera d'autres corrections à faire dans la suite de cet opuscule. Nous les indiquerons chaque fois, mais sans rien

croire que l'administration, jadis trop indifférente de la Gironde, aurait oublié tout exprès cette ligne si importante, afin de laisser aux voyageurs le temps de méditer sur les diverses impressions dont il est saisi.

Celui qui n'a pas vu cette nature exceptionnelle ne peut se faire une idée de ces grandes surfaces planes que l'œil parcourt avec effroi sans en apercevoir les bornes. Çà et là seulement s'élèvent à longs intervalles de grandes masses de pins, que le hasard semble avoir espacées pour rompre l'effrayante monotonie du paysage; quelques parcs à moutons, quelques bergers hissés sur leurs hautes échasses, n'apparaissent sur l'horizon que pour attester que l'homme habite tous les points de la terre, et que partout elle suffit à sa subsistance. Il faut, pendant cinq lieues, supporter cette tristesse qui vient s'emparer de l'âme dans l'isolement, avant que l'œil puisse se reposer sur une localité qui rappelle toutes celles que l'on a connues depuis l'enfance.

A ce tableau des Landes, on croirait que tout principe de fertilité a été refusé à cette terre déserte. Il n'en est point ainsi!.... On ne tarde pas à s'apercevoir de tout ce qu'elle peut offrir en richesses et en beautés. A peine a-t-on traversé l'espace si triste qui sépare Bordeaux du village de La Mothe, qu'aussitôt les Landes prennent l'aspect de la plus belle et de la plus riche culture. Les environs du Teich, du Gujan, et surtout de La Teste, sont remarquables par la végétation et la riante physionomie du paysage. Autant les Landes in-

---

changer au texte, afin de mettre le lecteur à même d'apprécier le progrès qui s'est accompli dans le pays depuis l'ouverture de ces voies de communication. (*Note de l'Editeur.*)

cultes impressionnent l'âme, autant les environs du Bassin d'Arcachon démontrent que cette contrée peut devenir bientôt l'une des plus agréables et des plus riches de France. Elle fixe aujourd'hui l'attention générale ; on veut connaître les landes d'Arcachon, parce que le moment de leur fertilisation est arrivé. Les contrées oubliées pendant plusieurs siècles ont leur moment de renaissance et de prospérité, comme les grands hommes; les grands événements et les grands phénomènes ont leur apparition à des époques inattendues. Le point sur lequel se résument l'énergie et la force qui doivent être imprimées à ce pays tout neuf a été heureusement choisi. Les débouchés (1) qui vont être ouverts par le chemin de fer, la route départementale, le canal des Landes, le voisinage d'une grande ville, enfin, les avantages que présente le port de La Teste, tout doit concourir aux immenses résultats que peut obtenir cette partie si intéressante du département de la Gironde.

(1) Voir note 1re.

DE LA TESTE

ET

De ses Environs.

—

La Teste n'est point une ville, ce n'est pas un village ni un bourg, ou bien elle est tout cela à la fois, sans qu'on puisse la qualifier ; cependant sa population, son port et son commerce lui donnent rang parmi les petites villes de France. Son origine date de 1200. Le hasard a déterminé la direction des rues ; elles ne sont point pavées, et lorsqu'il pleut, elles servent d'écoulement aux eaux, tellement abondantes qu'il est souvent impossible de passer d'un côté à l'autre. Les maisons sont proprement bâties, mais basses et mal distribuées, et placées sans ordre ; leur multiplicité donne à la ville une assez grande étendue. Les habitants tiennent à l'extérieur de leurs habitations ; elles sont passées à la chaux aussitôt qu'elles perdent de leur blancheur première. La vue de La Teste, en arrivant de Bordeaux, délasse des fatigues d'une route pénible. Cette agglomération de maisons blanches, au centre desquelles s'élève une flèche d'un caractère demi-gothique, se détache merveilleusement sur la verdure des forêts qui couvrent les hautes dunes ; elles semblent avoir été placées là pour protéger cette petite ville et la défendre des fureurs de l'Océan. Aussi la fertilité de la plaine est-elle remarquable. Plusieurs récoltes se succèdent pendant le cours de l'année ; l'hiver seul peut arrêter la végétation, et souvent, pendant cette courte saison, lorsque le soleil du Midi vient réchauffer le paysage, la constante verdure des pins, celle des prairies, rappellent encore les charmes du printemps. Les environs de La Teste offrent pendant l'été des promenades délicieuses ; la brise de la mer succède, le soir, aux brûlantes chaleurs de la journée, et répand une fraîcheur dont on aime à profiter. Le but le plus ordinaire de ces promenades est d'atteindre l'ombre des grands pins, qui prêtent à l'imagination de celui qui les voit pour la première fois un langage auquel l'âme n'est point encore accoutumée.

C'est un beau spectacle que celui que nous offrent ces vieux pins, dont les rameaux agités par le vent répandent dans l'air un bruit vague et mélancolique comme la marche du temps; à leurs pieds, tous les jeunes pins se succèdent comme les générations; le fruit rouge de l'arbousier, les fleurs des liserons, des anémones et de mille autres plantes, se montrent pour embellir et charmer la forêt, comme fait le bonheur sur cette terre, et passent bientôt comme lui.

Longtemps avant que La Teste fût bâtie, il existait une cité beaucoup plus importante; elle avait été fondée par les Boïens, et pour rendre leur mémoire ineffaçable, ils avaient nommé leur ville Boïos. (1)

L'existence de l'antique Boïos remonte au moins aux

---

(1) *Testa Boiorum in hâc gente Boiorum sinum facit Oceanus, in cujus ore est quæ Testa Boiorum, vulgo Buchs.* (*Vid. Vinet, in Auson. Paul, epist.*) : « L'Océan fait, chez les Boïens, un golfe à l'entrée duquel est La Teste, vulgairement appelée Buchs. »

premiers siècles de notre ère, puisqu'à cette époque elle formait, selon Marca, une des douze cités de la Novempopulanie. Elle fut le siége d'un évêché jusqu'à l'an 900.

D'après l'histoire très succinte que nous a laissée le clergé de Bordeaux, les Boïens étaient riches et puissants, et si l'on passe rapidement au moyen-âge, on retrouve encore les Testerins, les habitants du littoral et ceux des rives du Bassin d'Arcachon, vivant dans l'aisance et formant une population formidable sous leurs chefs redoutés, *les Captaux de Buch*. Ces populations, dit un vieux chroniqueur, savaient cultiver leur sol fécond et manier les armes pour le défendre.

Parmi ces seigneurs qui portaient le titre de *Captal de Buch*, on vit figurer, vers 1360, le fameux Jean de Grailly, l'un des plus grands capitaines de son siècle.

Nous citerons aussi Frédéric de Foix, captal de Buch en 1543, qui, *de son plein gré et volonté*, abandonna sa belle forêt dite de la Montagne, sur la commune de La Teste, à tous les habitants de La Teste, Gujan et Cazau, afin qu'elle fût partagée entr'eux par portions égales.

Les ducs d'Epernon, gouverneurs de la Guienne, étaient captaux de Buch.

Si l'histoire témoigne de la puissance et de la richesse des Boïens, les grands travaux qu'ils ont exécutés ne l'attestent pas moins. Ils avaient compris l'importance de fixer ces grandes dunes dont la mobilité tendait à tout envahir ; aussi ont-ils donné naissance à toutes ces vieilles forêts qui bordent le littoral. Les sommes qu'elles ont dû coûter à établir étonnent aujourd'hui toutes les personnes qui s'occupent de la fixation des dunes. On voit encore dans certaines localités des arbres archi-séculaires qui sont restés là pour attester l'existence d'un peuple qui fut riche et laborieux, et qui ne devait jamais périr que par l'invasion des Romains !.... Etant forcés d'abandonner leur colonie, les dunes furent livrées à l'action des vents, et Boïos fut anéantie. Le croirait-on? c'est de cette contrée, suivant l'opinion de quelques savants, qu'est sortie cette nuée de Gaulois et de Boïens qui passèrent en Italie et en Germanie, du temps de Tarquin-l'Ancien, sous la conduite de Ségovèse et de Bellovèse. Ils s'établirent aussi en Bavière, en Bohême et dans l'Asie-Mineure, et enfin vinrent se fixer, sous César, dans le Bourbonnais, entre la Loire et l'Allier. Les auteurs qui ont soutenu que les Boïens étaient un peuple de la Gaule celtique, ne connaissent pas parfaitement l'origine de ce peuple. Les auteurs de l'*Histoire des Gaules* et des *Conquêtes des Gaules* (tom. Ier page 87), disent qu'ils venaient du pays de Buch, dans le Bordelais; mais il est certain qu'après leur défaite par César, on leur assigna le Bourbonnais comme patrie, et cela à la prière des Eduens. On ne peut douter que la contrée de Buch n'ait été envahie et habitée par les Romains. On y a trouvé en diverses occasions beaucoup de médailles, entr'autres un médaillon de bronze de l'empereur Vespasien, qui représentait au revers une figure de femme éplorée et assise au pied d'un palmier, avec cette légende : *Judea capta*; on y a aussi trouvé des briques d'une longueur et d'une épaisseur considérables, qui, ayant des bordures des deux côtés, paraissaient avoir été destinées pour la conduite des eaux. Ainsi il faut reconnaître qu'avant l'arrivée de César dans les Gaules, les Boïens habitaient la contrée de Buch, et qu'ils ne la quittèrent que pour suivre Ségovèse et Bellovèse. Tout porte à croire encore que cette célèbre émigration des Boïens est due à quelques accidents extraordinaires survenus de la mer, qui détruisit les établissements les plus avancés, et mit les Boïens dans le cas d'en chercher ailleurs de plus solides. En général, les peuples sont attachés à leurs pays, et quoique l'histoire ne nous dise rien des motifs de l'émigration des Boïens, il faut qu'il soit arrivé des dévastations bien grandes pour les avoir déterminés à quitter leur patrie. Enfin, l'envahissement des dunes, encore de nos jours, ne nous laisse pas de doute sur toutes les métamorphoses qu'a dû subir le littoral océanique.

Darna, dans sa Chronique (f° 13, édition de 1620), nous assure que les montagnes de sable s'avançaient quelquefois à plus d'une lieue et demie dans les terres, et que la mer les multipliait de telle façon, qu'il y eut un village contraint de se reculer d'environ deux lieues et de transporter le clocher, que le sable commençait à couvrir, fort avant, et qu'après soixante ans, il fallut songer à le reculer encore plus avant; ce village s'appelle Lège. Heureusement qu'aujourd'hui les dunes sont fixées presque partout aux environs de La Teste, ce qui offre toute sécurité à cette petite ville, placée sur la côte méridionale du Bassin d'Arcachon. Il est à peu près certain qu'elle ne fut point bâtie sur le même emplacement que la cité des Boïens. Il y a sept ou huit cents ans, La Teste n'était composée que de quelques maisons et d'un ancien château qui n'existe plus, flanqué de hautes tours carrées, enceinte de murs et de fossés. C'était le séjour des anciens captaux de Buch.

L'église de la Teste est grande et spacieuse ; mais remonte-t-elle à cette haute antiquité, où elle était le siége d'un évêché? c'est ce que nous ne pourrions assurer, ce lieu n'étant pas le même que celui de Boïos, qui, selon l'itinéraire d'Antonin, était le chef-lieu des Boïens.

C'est un beau tableau à voir que cette chaîne de montagnes de sable d'une finesse telle que les vents le transportent comme de la poussière. Cette mobilité opère un changement continuel dans la forme de ces montagnes : les profondeurs deviennent des surfaces, et les élévations s'aplanissent pour former de nouvelles montagnes improvisées. On croirait qu'il est interdit à l'homme d'édifier sur cette inconstante formation; le travail de la veille est effacé le lendemain.

Il est cependant à remarquer que derrière les dunes, qui dessinent autour de La Teste ce beau cadre dont nous avons parlé, les dunes blanches s'échelonnent régulièrement, et par leur élévation successive, semblent marquer le nombre de siècles qui ont servi à leur formation; ou la mer aurait-elle voulu laisser après elle ces grandes marques de sa capricieuse puissance? Aussi, à La Teste, propose-t-on toujours de conduire les étrangers aux dunes de la grande mer. Nous avons été surpris d'admiration en voyant ce grand tableau de la nature. De la dune la plus élevée nous apercevions tous ces mamelons couleur nankin, produisant à l'œil l'effet d'un taffetas moiré ; l'Océan paraissait sans bornes, et contrastait avec le ciel d'un bleu clair. Ces trois teintes, qui s'unissaient en s'étendant sur un vaste horison, avaient à nos yeux un charme inconnu qu'il est impossible de rendre.

Mais revenons à La Teste, pour nous occuper du costume et des mœurs des habitants. Le costume d'un peuple indique ordinairement le degré de civilisation auquel il est arrivé. Les femmes qui habitent la ville, et qui ne se livrent point à la pêche dans le Bassin, sont vêtues proprement, et la forme de leurs vêtements ne laisse pas que d'avoir une certaine élégance ; leur taille est noble et distinguée ; elles se coiffent ordinairement avec un foulard dont le bout passe coquettement de côté sous un chapeau de paille garni de velours noir ; leur physionomie est spirituelle, piquante et naturellement fière ; elles aiment la danse avec passion : au bal, elles portent sur la tête une gracieuse cornette en dentelles, de manière à laisser voir leurs beaux cheveux retournés en forme de chignon ; cette coiffure donne à leurs traits une expression qui n'existe que dans cette contrée. La beauté du sang n'est pas également répartie entre les deux sexes : les hommes ne sont ni plus grands ni mieux faits que dans la généralité de nos départements. Les Testerins sont doux, intelligents et spirituels ; les hommes dédaignent la culture des terres ; au reste, leur vie est toute morave : les donations faites par les anciens féodaux, ont institué des réglements qui établissent des possessions et des jouissances communes, lesquelles ont rendu nécessairement tous leurs intérêts communs. Leurs biens sont administrés par des syndics choisis par eux. C'est ainsi que la féodalité a constitué la presque totalité des Landes, et c'est ce qui leur donne ce caractère distinctif qui semble en faire une petite nation à part.

La pêche, qui est une des principales branches de l'industrie, occupe une grande partie des bras que l'on pourrait livrer à l'agriculture ; les produits des pins résineux, convertis en résine, en essence, en goudron, en bois de menuiserie et de chauffage, enfin, les transports des charbons, des fers, etc., occupent exclusivement le surplus de la population mâle ; il ne reste donc plus que les femmes, destinées aux soins du ménage et à la culture des terres. Aussi le travail de leurs faibles mains consiste-t-il à cultiver seulement un petit jardin et quelques parcelles de terre. Ce travail suffit à tout ce qu'elles ont d'énergie ; elles déploient toutes leurs facultés en force et en persévérance sur un sol qui n'est point ingrat ; il s'empresse à leur offrir, en récompense de leur léger labour, deux récoltes par an, exprimant deux fois par année, avec le langage des faits, tout ce qu'il renferme de trésors. Mais n'étant pas nées pour un travail aussi dur, leur vieillesse est toujours hâtée et prend trop tôt les signes de la décrépitude. La cause encore de l'état actuel des Landes incultes est dans l'impossibilité où les propriétaires eux-mêmes se trouvent de les mettre en production. Evaluons l'hectare de ces landes nues à cent cinquante francs : il faudrait deux fois cette somme, d'après nos calculs, pour les mettre en culture. Quel est celui qui, voulant mettre cent hectares en produit, trouverait à emprunter une somme deux fois plus forte que la valeur de sa propriété ? Des compagnies agricoles peuvent seules opérer dans les Landes et profiter avec bénéfice des avantages que le propriétaire, réduit à ses propres ressources, est incapable de recueillir. Ainsi les grands et les petits propriétaires sont bornés dans leurs exploitations, qu'ils administrent avec une rare intelligence. Les environs du Teich, de Gujan et de La Teste sont cultivés aussi bien que possible, et l'art agricole y est porté, selon l'usage du pays, au degré de perfection qu'il peut atteindre ; mais en s'éloignant on retrouve bientôt les funestes conséquences des concessions féodales, qui attribuent un droit de pacage aux communes sur toutes les terres qui ne sont point mises en production. Il est certain que tous les habitants profitent de ce droit, mais il est cependant devenu plus particulièrement l'apanage des plus riches de la contrée, c'est-à-dire de ceux qui peuvent acquérir un troupeau de moutons, construire un parc et payer le gage du berger.

Le berger des Landes est tout-à-fait un personnage ; il est le souverain d'une immense étendue. Ses coutumes et ses mœurs font très certainement exception à celles de tous les autres hommes ; il en est fier comme de son indépendance, il domine la plaine ; perché sur ses hautes échasses, il aperçoit au loin le troupeau qui lui est soumis, et ses pieds ne touchent jamais le sol malsain de la lande ; il aime le désert, et s'il est marié, sa femme reste au village ou à la ville voisine pour vaquer aux soins du ménage, à l'éducation des enfants et à la culture d'une parcelle de terre ; et le mari-berger file et tricote gravement des bas pour toute la famille. Aussi prend-il un soin particulier de la conservation de ses jours : il se couvre la poitrine et le dos d'épaisses peaux de mouton ; il porte sur sa tête le berret de la Navarre. Mais malgré toutes les précautions qu'il prend contre les intempéries, le malheureux est sujet à une cruelle maladie, appelée *la pellagre*. (1) M. le docteur

---

(1) Cette maladie est maintenant extrêmement rare et n'existe même plus dans les environs de La Teste. (*N. de l'E.*)

Hameau s'en est occupé particulièrement et a fait un rapport à la Société de Médecine de Bordeaux. Il attribue cette maladie de la peau des mains et des pieds à ce que les grandes chaleurs et les grands froids ont une action trop constante dans leurs facheux effets sur ces deux parties de leur corps, toujours exposées à nu, en hiver comme en été, et avec leur contact avec les moutons.

Il existe encore une autre espèce de sauvage, qui habite constamment les forêts de pins : la famille entière réside avec lui dans une petite maison; sa seule et unique occupation consiste à soigner les pins et à en recueillir la résine. L'intelligence des résiniers est beaucoup plus développée que celle des bergers; ils ont une grande habitude du genre de travail qui leur est confié, et qui n'est pas sans difficultés, le résinier devant toujours agir selon le tempérament des arbres qu'il met en production ; c'est d'ailleurs ce que nous expliquerons en parlant de la culture du pin maritime. Nous dirons seulement ici que les bergers et le résiniers exploitent à peu près toute la richesse actuelle des Landes. Il y a tout avantage à conserver les forêts et même à les multiplier le plus possible. C'est à regret que l'on pense que les Landes seraient aujourd'hui la province la plus riche de France en bois et en résine, si le droit de pacage n'était pas un obstacle à la facilité avec laquelle le pin maritime aurait envahi toutes ces plaines incultes et improductives. Aussi on ne saurait trop restreindre cette trop grande et trop vaste pâture, où les bergers promènent indolemment leurs troupeaux dans la proportion d'un mouton par hectare, ce qui paraît incroyable, mais pourtant très vrai ; c'est de l'aveu même des grands propriétaires qui ont écrit en faveur du *statu quo* dans les Landes. Et c'est ici que nous devons un témoignage de reconnaissance à quelques habitants éclairés de La Teste, dont l'intérêt particulier pourrait être de perpétuer cet état de choses, et qui cependant n'ont pas hésité à prêter leur concours aux améliorations que l'on cherche à introduire dans leur pays.

DU BASSIN D'ARCACHON,

De la Passe, des Lacs, du Canal et du Chemin de Fer.

Le Bassin d'Arcachon peut avoir environ dix-huit à vingt lieues de circonférence. Son aspect est fort beau : à marée haute, une île placée au centre, appelée des Oiseaux, ou de La Teste, reste seule sans être couverte par les eaux ; tandis qu'à marée basse, les chenaux, qui sont nombreux dans le Bassin, conservent seulement une assez grande profondeur pour que les navires puissent arriver facilement jusqu'au port ; alors les bancs de sable ne sont plus recouverts que d'une masse peu considérable. Cette différence de profondeur donne, lorsque le soleil s'incline, une différence de teinte, tantôt couleur d'émeraude, tantôt bleu azuré ou vert pâle, qui rend ce coup-d'œil ravissant. Une multitude de petites barques de pêcheurs quitte La Teste pour aller à la pêche, soit dans le Bassin, soit dans la grande mer, et, voiles déployées, elles courent légèrement à la surface de ces eaux colorées si diversement par les rayons du soleil. Celles de ces petites barques qui doivent franchir la passe ne reviennent pas toujours à la cabane du pêcheur. La difficulté bien connue de franchir le goulet a été cause d'un grand nombre de sinistres. Il n'est pas rare de rencontrer dans les rues de La Teste ou de Gujan, les veuves et les enfants des malheureux qui ont été engloutis lorsqu'ils allaient demander à l'Océan le pain nécessaire à la subsistance de leur famille.

La grande pêche qui se fait au-delà du Bassin a lieu chaque année, à partir des premiers jours d'octobre jusqu'à la fin du mois de mars. Une des raisons qui déterminent cette époque existe probablement dans la difficulté de transporter pendant les grandes chaleurs le poisson à Bordeaux ; et d'ailleurs, il se rend sur cette côte en plus grande abondance pendant l'hiver que dans toute autre saison. Comme les oiseaux, les poissons ont aussi leur moment de passage. Il se fait beaucoup d'autres pêches, aux huîtres, aux coquillages et aux différentes espèces de petits poissons qui se trouvent constamment dans le Bassin. Le costume des femmes qui se livrent à cette industrie est fort curieux : elles portent de grandes bottes en cuir imperméable, qui remontent peut-être trop haut au-dessus du genou, ainsi que leurs robes; un large mouchoir, placé en marmotte, couvre leur tête, et souvent un grand chapeau de paille se place encore par dessus. Cet accoutrement a quelque chose d'une étonnante singularité. L'équipage de grande pêche monte ordinairement une espèce de chasse-marée d'environ dix tonneaux, qui n'est point ponté, mais uniquement traversé par des solives courbées. Il a une tille vers l'arrière; il est pourvu de deux mâts, de deux voiles, de deux ancres faites en forme de grappins à cinq branches, et de douze avirons. Il est conduit par un pilote expérimenté qui doit connaître parfaitement la côte, et qui ne peut être reçu en cette qualité qu'après avoir assisté à beaucoup de pêches en qualité de rameur. Les filets qu'on emploie ont de trente-cinq à quarante brasses de longueur sur une de largeur; on en place au moins quarante sur un chasse-marée : chaque matelot, ainsi que le pilote, emporte une paire de bottes imperméables, une paire de sabots et un vêtement en peaux de mouton, dont la laine est en dehors, et qui sert à le garantir du froid et de la pluie. Tout étant ainsi disposé, ils arrivent à la passe ou à l'entrée de la mer, et si elle est belle, ils gagnent le large à plusieurs lieues, et quelquefois plus, et alors jettent leurs filets à la mer, baissent les mâts et mettent à la cape, c'est-à-dire, qu'étant à l'ancre, ils étendent les voiles sur l'un des mâts, en forme de tente, et passent la nuit dessous, couchés sur la paille. C'est au pilote, qui connaît la marée, à déterminer le moment favorable pour lever les filets. Alors chacun prend son poste, et les matelots, pieds et tête nus, quelque temps qu'il fasse, vêtus seulement d'une chemise et d'un caleçon, se mettent à l'œuvre et retirent les filets, souvent couverts de glace en sortant de l'eau. C'est à cette pêche que se prennent les turbots, les barbues, les grondins, les raies, les roses, et toute autre espèce de poisson de mer.

Après la levée des filets, le poisson étant rangé dans

la barque, l'équipage se dispose à rentrer dans le Bassin, afin de gagner La Teste et expédier le poisson sur Bordeaux. C'est ici le moment le plus difficile et le plus dangereux. Lorsque le temps est devenu mauvais, en approchant de la passe, le pilote examine quelle est la vague la plus élevée, afin que le bateau se trouve au plus haut de la lame au moment où celle-ci vient à déployer; alors la chute du bateau, aidé du vent ou du secours des rames, fait qu'il franchit plus aisément la passe et qu'il entre dans le Bassin.

Les voiles, dans cette circonstance, sont baissées; chaque matelot est à son poste, ayant le dos tourné vers le point où ils doivent aller. C'est alors que le pilote seul regarde l'avant avec anxiété. C'est sur cet homme expérimenté que tout l'équipage se repose; il observe les balises lorsqu'il les voit vis-à-vis l'une de l'autre (ce sont de grands mâts plantés sur les dunes de sable et qui indiquent l'entrée de la passe); il s'écrie à chaque vague qu'il voit venir : Gare la lame ! Alors chaque matelot s'accroche avec son aviron au bois sur lequel il est assis, et passe son aviron par dessous; le pilote même est attaché au barreau avec une corde, de crainte que la lame ne l'enlève, ce qui n'est pas sans exemple. Si, avec toutes ces précautions, surtout dans le mauvais temps, le pilote manque la lame ou qu'elle crève en-dehors (c'est-à-dire vers la mer), dans ce cas la chaloupe périt corps et biens; si, au contraire, la lame crève en dedans, la seule force du courant fait avancer le bateau de plus d'une demi-lieue dans le Bassin, sans voile ni rame, et on se trouve hors de tout danger.

D'après ce que nous venons de dire, on voit que la passe du Bassin d'Arcachon mérite toute l'attention du gouvernement; nous n'essaierons point d'indiquer l'action que peut avoir journellement l'Océan sur cette côte, ni la direction qui faudrait donner à une nouvelle passe. M. le directeur-général des ponts-et-chaussées a bien voulu, cette année (1839) porter sa sollicitude éclairée sur les premiers besoins du havre d'Arcachon; qu'aurions-nous à dire lorsque M. Legrand a tout étudié par lui-même, sans redouter un seul instant les fatigues occasionnées par une longue marche dans les sables des dunes? C'est se montrer vraiment digne de fonctions élevées, que de les remplir ainsi.

Avant et depuis 1789, nous voyons que toutes les demandes formées par les principaux habitants du pays se réduisaient : 1° à la fixation des dunes; 2° à l'érection d'un phare; 3° à l'établissement d'un canal qui joindrait les lacs au Bassin d'Arcachon; 4° au défrichement et à la mise en culture de la plaine de Cazeaux, située entre les lacs et le Bassin. Nous citerons textuellement le fragment d'un rapport qui fut publié le 26 Messidor de l'an VIII, par M. Fleury, l'un des membres du conseil du 5e arrondissement de Bordeaux, actuellement maire de La Teste. Il était l'organe de ces hommes qui ressentaient alors ces idées de perfectionnement et d'amélioration qui travaillent tous les esprits lorsque les peuples sont agités.

« Point de doute que l'exécution des projets dont je
» viens de vous entretenir, offrant à l'industrie de nou-
» veaux moyens de prospérité, n'attirât bien vîte une
» infinité de nouveaux habitants dans ce pays malheu-
» reusement trop désert; et point de doute encore que
» ceux-ci, cherchant à fixer leur bien-être sur des
» objets solides et durables, ne portassent aussitôt

» leurs regards sur ces landes incultes, que des soins,
» des travaux et une culture bien entendue auraient
» bientôt fertilisées. »

Les dunes ont été fixées par M. Brémontier, en l'honneur duquel on a élevé un monument; un phare de première grandeur a été érigé, et sert aujourd'hui à indiquer la passe aux navires. Un canal qui lie le Bassin d'Arcachon avec les lacs de Cazeaux et Mimizan, est sur le point d'être terminé par la Compagnie des Landes. Enfin, pour voir s'accomplir le quatrième vœu formé par ce pays, il fallait mettre en culture la plaine située entre les lacs et le Bassin d'Arcachon. Cette plaine, traversée aujourd'hui par un canal, est défrichée par la Société agricole d'Arcachon, et, cette année, 1500 hectares environ vont être mis en état de production. Nous ferons observer ici que les habitants du pays, par suite de leur dédain pour la culture, ont faiblement contribué à cette grande œuvre; et, chose remarquable, ce sont les enfants de ces mêmes peuplades moresques que Henri IV voulait employer au défrichement des Landes, qui reviennent aujourd'hui, comme par prédestination, se placer sous nos ordres, et réaliser la pensée du grand Roi.

Le Bassin d'Arcachon est bordé à l'ouest, dans presque toute son étendue, par les forêts de pins qui couvrent les dunes; au sud, par la petite ville de La Teste et les villages de Gujan, Le Teich et La Mothe; au levant, Biganos, Comprian et Audenge; vers le nord, Certes, Lantou, Andernos, Arès, Iliac et Lège. On voit, par le nombre de ces villages, que le Bassin fournit aux besoins d'une population considérable, et que les ressources que les habitants se procurent par son voisinage, sont encore une des raisons qui font abandonner la culture des terres. En général, le poisson est abondant et de bonne qualité; chaque jour, plus de cinquante voitures chargées cheminent vers Bordeaux. Elles servent à alimenter non-seulement cette grande ville, mais encore beaucoup d'autres provinces; les malles-postes et les diligences en emportent sur les différentes lignes qu'elles parcourent.

Le lac de Cazeaux, situé à deux lieues et demie au sud de La Teste, doit avoir environ trois lieues de diamètre.

Les lacs de Biscarrosse et de Parentis, plus petits que celui de Cazeaux, avec lequel ils se joignent par le chenal ou les passes de Navarosse, forment à eux deux à peu près la même surface, ce qui donnerait aux trois, qui, par le fait, n'en forment qu'un, environ dix-huit lieues de circonférence. Les eaux sont d'une limpidité parfaite; elles ne contiennent point d'oxide de fer; elles servent à alimenter le beau Canal de la Compagnie des Landes, et peuvent donner à la Société agricole d'Arcachon quatre mètres cubes d'eau par seconde, destinée à l'arrosement de trois mille hectares de prairie. La plus grande profondeur de ces lacs est, dit-on, de cinquante mètres; ils sont bornés par les dunes de l'Océan, par plusieurs villages et des forêts de pins.

La grande forêt de La Teste, qui est du nombre de celles que les Boïens ont établies jadis, touche par ses extrémités nord et sud au Lac et au Bassin; elle produit beaucoup de résine et abondamment de gibier; mais une chasse plus curieuse que celle qui se fait en forêt, a lieu sur la plage du Bassin, chaque année, depuis la mi-novembre jusqu'à la fin de février ; elle fournit à elle seule de si grands moyens de subsistance aux villages environnants, qu'elle est encore une des causes qui font négliger la culture des terres. Nous voulons parler de la chasse (ou pêche) aux canards sauvages : cette chasse est une concession de la féodalité. L'ancien captal de Buch céda ce droit de chasse aux communes environnantes. Ce droit fut régi par des statuts que l'on conserve scrupuleusement encore aujourd'hui. Des syndics sont chargés de les maintenir et de les perpétuer. Cette pêche ou chasse se fait avec de grands filets formant poches sur une longueur de cinquante à soixante mètres, et fixés par leurs deux extrémités à de grandes perches plantées dans le sable de distance en distance. Cette chasse ne se fait que pendant l'hiver ; les canards sont en abondance seulement à cette époque. Ces oiseaux ont l'œil très bon ; ce n'est donc que la nuit que l'on peut se livrer à cette industrie, qui porte le nom de *nuitée* ; les canards sont quelquefois en si grand nombre qu'ils couvrent une partie du Bassin ; il n'est point étonnant de voir prendre en une seule nuitée quinze cents ou deux mille canards.

Enfin, il est constant que ce droit de chasse produit aux villages environnants un revenu net de 40 à 50 mille francs. Le canard vaut 1 franc sur les lieux.

Nous avons assez démontré que les environs du Bassin d'Arcachon, lorsqu'ils seront livrés à l'agriculture, et que les produits des terres viendront se joindre à toutes les autres richesses naturelles dont nous avons déjà parlé, présenteront une prospérité égale à celles des parties les plus riches de nos meilleurs départements. Le chemin de fer de Bordeaux à La Teste, qui est en voie d'exécution (1), viendra accroître les moyens de communication. Il est dirigé par un habile ingénieur, et l'adjudication en a été acceptée par huit des principales maisons de Bordeaux ; elles auront bien mérité un jour de leur pays ; elles s'assureront d'ailleurs la reconnaissance de cette contrée, au sein de laquelle elles auront porté la vie et la prospérité. Il n'existe point de localité au monde qui présente plus de facilité pour l'exécution de ce chemin que ces grandes plaines dont la déclivité est presque insensible. Nous dirons plus encore : si les chemins de fer n'étaient pas inventés, il faudrait les inventer tout exprès pour les Landes. On en sera convaincu lorsque nous parlerons de la constitution du sol et de sa nature sableuse et presque sans ondulations.

---

(1) Voir la note 1re, page 9.

ÉGLISES, CHAPELLES,

Établissements de Bains.

—

Tout près de La Teste, il existe plusieurs établissements de bains de mer ; un grand nombre de personnes du beau monde de Paris et de la province viennent y passer la belle saison. Nous citerons principalement ceux de M. Tindel (1) et de M. Legallais. Ces deux établissements ont un caractère tout-à-fait différent. Celui de M. Tindel est vaste, élégant et d'une heureuse distribution. Nous avons été frappé de la beauté du coup-d'œil : lorsqu'on nous a ouvert toutes les portes du vestibule, le Bassin d'Arcachon s'étendait devant nous, et les navires et les barques se croi-

---

(1) Aujourd'hui de M. Ch. Laporte.
C'est ici principalement que se manifeste le progrès dont la contrée est redevable au chemin de fer et à l'achèvement de la route. Plus de deux cents maisons de bains existent maintenant là où ne se trouvait, il y a douze ans, qu'un petit nombre d'établissements. Déjà ces nouvelles constructions occupent sur la plage un développement de plus de quatre mille mètres, depuis le cap du Moung jusqu'au-delà de la chapelle.
(Voir, à la fin du volume, l'*Indicateur de l'Etranger sur le chemin de fer de La Teste.*)

saient avec une activité telle, qu'ils semblaient animer tout exprès la monotonie ordinaire d'une grande surface d'eau. Cette vue contrastait avec l'épaisse forêt de ces grands pins maritimes qui bordent le Bassin, et que nous apercevions de l'autre côté. Une vaste terrasse avec une galerie permet aux baigneurs de se promener aux heures les plus convenables de la journée.

L'établissement de M. Legallais, moins élégant, joint la solidité au confortable, et son zèle ne se dément jamais pour offrir aux baigneurs ce qu'ils peuvent désirer dans les établissements de ce genre.

Une autre des plus anciennes maisons de bains mérite aussi une mention particulière. Nous voulons parler de l'établissement Lesca, remarquable par la beauté des ombrages qui l'environnent. Il a reçu depuis quelques années de notables améliorations.

Derrière ces établissements, et à une distance peu éloignée en avançant dans la forêt, il existe un lieu d'asile où le silence règne presque toujours; une simple croix de bois en annonce l'approche. De grands pins que les hommes et le temps ont respectés, protégent une petite chapelle vouée à la Vierge, patronne des marins; les murs intérieurs de cette chapelle sont ornés de tableaux, dont la vétusté indique que depuis bien des siècles les hommes intercèdent la puissance divine au moment du danger. Un modèle de navire est suspendu au milieu du plafond, qui présente une mauvaise restauration de peinture gothique. Le chœur est, comme dans toutes les églises de ce pays, richement orné de tableaux, de dorures, de marbres, enfin de tout le luxe des autels. Cette chapelle, appelée *Notre-Dame-d'Arcachon*, est un but de promenade et de curiosité, non-seulement pour les baigneurs, mais encore pour les étrangers qui viennent à La Teste. (1)

Les lacs, et particulièrement celui de Cazau, ont aussi leur chapelle; elle n'a rien de remarquable, si ce n'est sa position élevée sur une charmante colline. (2) Nos yeux se sont tristement arrêtés sur une couronne d'immortelles attachée à une petite croix de bois; c'était la tombe d'un jeune enfant. Derrière cette chapelle, il est un point de vue d'une grande beauté, peut-être plus

---

(1) L'auteur des *Variétés bordelaises* attribue la fondation de la chapelle d'Arcachon à la dévotion des anciens Bougès. Mais, d'après le *Martyrologe des Franciscains* et la *Vie des Saints du diocèse de Bordeaux*, le véritable fondateur serait un cordelier d'Ancône, nommé Thomas Illyriens.

« Vers la fin du 15e siècle (dit une notice historique sur la
» chapelle d'Arcachon), ce religieux annonçait l'Evangile avec
» une si grande puissance d'élocution, de sainteté et de zèle,
» que les églises les plus vastes ne pouvaient contenir la foule
» avide de l'entendre.... Après avoir travaillé longtemps au
» salut de ses frères, par ses écrits, par ses conseils, et par
» ses exemples, il voulut s'occuper sérieusement du sien. Il
» renonça à la prédication et alla s'établir à Arcachon pour y
» vivre dans la retraite..... Ayant trouvé sur les sables de la
» côte une statue de la Sainte-Vierge, triste débris, sans
» doute, d'un naufrage que les vagues y avaient laissé, il la
» recueillit, la porta sur une pointe qui s'avançait alors sur
» le Bassin et y fit bâtir un petit oratoire... Elevé, pour ainsi
» dire, à l'improviste, cet oratoire était mesquin et incom-
» mode. Monseigneur de Sourdis, de sainte et glorieuse mé-
» moire, autorisa, le 12 janvier 1624, l'ermite à le rebâtir
» en pierres à la même place..... »

(2) Cette chapelle n'existe plus; elle a été remplacée, en 1849, par une église, bâtie près du village de Cazau et érigée en succursale de La Teste.

curieux pour le voyageur que celui de la mer elle-même ; c'est cette nappe d'eau douce qui s'étend à perte de vue.

CONSTITUTION DU SOL,

Végétation, Température.

A notre avis, le sol, la température et la végétation, tout est exceptionnel dans les landes du Bassin d'Arcachon. Nous allons essayer de le démontrer ici. Nous entrerons tout-à-fait dans la question agricole, et nous dirons que la terre présente, partout ailleurs que dans les Landes, des sols composés de substances qui sont ordinairement alumineuses, argileuses, calcaires ou sableuses ; à chaque instant, on rencontre une proportion différente dans ces parties constituantes, soit par l'effet des cataclysmes, des soulèvements ou de l'action incessante des eaux. Il n'en est point ainsi dans les Landes. Nous le répétons, ce sol est exceptionnel, parce qu'il est homogène, que sa formation n'est que le produit du caprice de l'Océan et que sa nature ne peut changer.

Il serait difficile de se rendre compte du nombre de siècles qui ont successivement servi à la création de ce sol, laissé d'abord infertile par le retrait de la mer. Cette immense et plate étendue n'a dû présenter, lors de son origine, qu'une couche de sable blanc surchargé de sel marin, ne permettant à aucune végétation de paraître à sa surface. Les habitants des Landes, auxquels l'Océan livrait une conquête facile, ne comprirent pas plus tard, lorsque les sels furent moins abondants, qu'ils avaient auprès d'eux une source incalculable de richesses, et que c'était le moment de profiter de ce vaste et généreux don de la mer ; mais en voyant les sables se couvrir de végétaux, ils comprirent seulement qu'ils pouvaient y établir des troupeaux, et ils recueillirent par ce moyen une faible partie du trésor qui leur était promis. Enfin, le pin maritime, le plus productif de tous les arbres, vint implanter ses vigoureuses tiges, et leur donner cette résine qui fait aujourd'hui la principale branche de leur industrie.

C'est dans cet état que se trouvent encore les Landes, et les siècles qui ont formé cette vaste contrée ont incessamment contribué à l'enrichir par de nombreux détritus. Combien de milliers de fois le feu n'a-t-il pas réduit en cendres tous ces végétaux qui couvrent cette terre! combien de fois les bergers, auxquels les troupeaux ont été confiés, n'ont-ils pas senti l'utilité de brûler les plantes parasites, afin de répandre les bienfaits de l'air atmosphérique sur la grande famille des graminées! Ainsi le mélange toujours renouvelé des détritus, de cendres et de sable, présente aujourd'hui des couches accumulées, offrant sur une vaste surface une épaisseur de dix-huit pouces à trois pieds ; et c'est particulièrement dans la plaine de Cazaux, heureusement située entre le lac de ce nom et le Bassin d'Arcachon, que nous avons remarqué cette profondeur du sol ; et c'est encore là que nous sommes resté convaincu des immenses avantages qu'il y avait à s'occuper de cette contrée, qui renferme tant d'éléments de prospérité.

Nous avons dit que la terre des landes d'Arcachon se composait d'un sable très fin mélangé de détritus abondants ; la couche végétale dont nous avons indiqué la profondeur, repose tantôt sur des aggrégations ferrugineuses plus ou moins liées par l'oxide de fer, tantôt sur des sables primitifs.

De la couche inférieure à l'état d'aggrégations ferrugineuses, on extrait une pierre tendre appelée *alios*, et lorsque le sable est plus fortement lié par les oxides, on trouve une pierre appelée *de fer*, excellente pour les constructions.

La couche supérieure, quoique peu liée dans ses parties constituantes, réunit cependant avec beaucoup d'avantages plusieurs des conditions auxquelles la végétation est soumise : l'air, l'eau et la chaleur. L'air a une influence très grande sur le développement des végétaux ; le voisinage de la mer et l'action incessante des marées sur l'atmosphère, lui donnent un principe d'humidité qui ne cesse que lorsque le soleil vient répandre les bienfaits de ses rayons ; et tandis que beaucoup d'autres contrées sont livrées à une sécheresse dévorante, le sable des Landes, divisé et subdivisé à l'infini, divise et subdivise également les rayons, et s'oppose à ce que leur ardeur puisse pénétrer à une profondeur de plus de deux pouces à deux pouces et demi ; il garantit ainsi au sol une heureuse consistance.

L'eau, surabondante quelquefois et surtout pendant l'hiver, se trouve assujettie à des conditions à peu près égales à celles des rayons du soleil par rapport à ce sol, c'est-a-dire qu'elle s'infiltre lentement et dificilement; aussi cherche-t-elle un écoulement vers les déclivités. Mais cette infiltration lente est une garantie de végétation, la terre conservant presque toujours une fraîcheur interne qui résiste à l'évaporation. Néanmoins les excessives chaleurs ont quelquefois des effets funestes dans les Landes. Les agronomes du pays estiment que sur cinq années, une peut être mauvaise.

Nous pensons que les combinaisons de l'eau et de la chaleur, ménagées avec art lors des dessèchements et de l'irrigation, atténueraient ces facheux effets. Enfin, le sol des Landes, semblable à ces êtres délicatement organisés, mais dont les facultés intellectuelles sont autant de trésors, a besoin d'être dirigé avec tact et ménagement; il n'appartient pas à cette nature âpre et dure qu'il faut dompter par un travail excessif, et qui se soumet à la vigueur du colon sans autre combinaison que celle de la force proportionnelle. La terre des Landes défend d'abord sa plante parasite et amie; mais, bientôt douce, facile à manier, elle se prête à la main de l'homme et lui donne amplement les richesses que l'intelligence a développées dans son sein, à une condition que nous croyons absolue, c'est de ne pas abuser de son organisation.

Peu d'hommes comprendront parfaitement le sol des Landes; mais celui qui en saisira le caractère sera doucement amené à lui donner tous ses soins, et c'est avec entraînement qu'il se plaira à rechercher tous les moyens d'en tirer le parti dont il est susceptible. L'habitant des Landes sommeille sur ses trésors. Telle n'est pas la destinée de l'homme voué à l'industrie agricole; il cherche les points de la terre qui se prêtent à son ingénieuse ambition, et c'est à la nature oubliée qu'il donne son activité et qu'il apporte toutes ses connaissances.

D'après les détails que nous venons de donner de la constitution du sol des Landes, nous croyons avoir assez démontré qu'elle est exceptionnelle; quant à la végétation, nous reconnaîtrons bientôt qu'elle a un caractère particulier. Le pin maritime, qui est à peu près le seul arbre qui se sème et se perpétue de lui-même avec une facilité étonnante, est évidemment l'arbre de choix, non-seulement du sol, mais encore de la température; il ne s'agit, pour le prouver, que de comparer les résultats obtenus dans les forêts de pins résineux, qui partout ailleurs croissent moins bien et ne produisent que peu de résine et d'une qualité bien inférieure. Le chêne-liège a aussi sa prédilection pour le sol des Landes; le chêne-Tauzin, l'arbousier, le figuier sont aussi des naturels du pays; enfin, la haute *brande* ou bruyère, qui vient difficilement dans les terres ordinaires, s'élève jusqu'à huit ou dix pieds. Les dunes de sable pur sont couvertes aujourd'hui d'une infinité d'arbres et de plantes dont la végétation fait comprendre que le sol n'est qu'un réceptacle, et que les conditions de l'existence de ces plantes est dans l'atmosphère et dans la température.

Cette température des landes d'Arcachon est encore exceptionnelle. L'heureuse répartition qui existe dans les proportions de l'air, de l'eau et de la chaleur, à l'égard des végétaux, rend cette atmosphère d'une richesse incroyable. L'action des marées, leurs grandes impulsions atmosphériques vers le littoral, livrent un combat continuel à l'air continental; et, d'après MM.

Lalesque et Hameau, l'impulsion de la mer reste toujours maîtresse de la température. Ils ajoutent que l'air alors est chargé de sel marin, dont la puissance sur la végétation est généralement reconnue. Il n'en est pas ainsi dans les landes qui ne sont pas sur le bord de l'Océan; aussi croyons-nous que le littoral peut être cultivé avec plus d'avantage. Dans l'intérieur des Grandes-Landes, l'atmosphère peut avoir les heureuses proportions que donne la mer aux landes d'Arcachon. D'ailleurs, pendant au moins huit mois de l'année, les végétaux des environs du Bassin ont une croissance rapide et une force végétale qu'il faut avoir vue pour apprécier tout ce qu'elle a de remarquable; mais du 15 juin au 15 septembre le calorique prédomine, l'air devient brûlant, l'humidité est absorbée à la surface de la terre. Alors il n'est plus possible de cultiver que les plantes pivotantes, et encore faut-il choisir celles qui sont propres aux pays chauds. Si les bords du Bassin sont assujettis à cette influence de la chaleur, que sera-ce donc dans les Grandes-Landes? Mais cet inconvénient devient un très grand avantage lorsqu'on a la possibilité d'établir des prairies arrosables, par la simple raison que l'eau, l'une des principales conditions de la végétation, se trouve réunie à la chaleur; que les émanations rendent l'atmosphère meilleure, et nous dirons même lui rendent les proportions voulues pour faire croître et grandir rapidement toutes les herbes des prairies. Nous ne mettons point en doute que partout où l'on pourra arroser la terre des Landes pendant les grandes chaleurs de l'été, on aura une source de richesses inépuisable, sans le secours des engrais. Les terrains de l'ancienne Société d'Arcachon se trouvent dans la plus heureuse situation ; trois mille hectares peuvent être largement arrosés avec la masse d'eau que le gouvernement lui a concédée. (1)

La culture des céréales, dans les Landes, ne doit être considérée que sous le rapport de la nourriture des hommes et des animaux. Il faut une trop grande masse d'engrais pour ce genre de culture; il faut donc, sans l'abandonner, le laisser aux provinces telles que la Limague d'Auvergne, la Brie, la Beauce et à toutes les alluvions d'eau douce. Les récoltes des plantes espacées conviennent beaucoup mieux ; et ici nous ne craindrons pas de dire que nous en étant occupé depuis quinze mois, nous croyons avoir trouvé le moyen de fertiliser la lande ; et notre seul et unique but étant d'être utile à l'agriculture et au pays, nous sommes heureux d'avoir à rendre compte des essais et des observations que nous avons pu faire sur la grande étendue de landes qui nous a été confiée.

La terre, après l'extraction de la bruyère et de sa racine, se trouve forcément encombrée de substances ligneuses, que le temps seul peut mettre en décomposition. Une année suffira pour détruire ces substances et nous permettre de cultiver les plantes dont les tiges délicates doivent être à l'abri de cette innombrable quantité d'animacules qui viennent encore après les défrichements puiser leur existence sur les plantes qui vivent à la surface du sol. En effet, lorsque des millions d'individus ont trouvé leur nourriture dans les sucs des

---

(1) La plus grande partie de ces terrains est destinée à être convertie en rizières. Il en existe en ce moment 350 hectares de la plus belle végétation. (Juillet 1852.) *(N. de l'E.)*

plantes parasites, ne doit-on pas redouter que les substances ligneuses qui ne sont point encore décomposées leur servent de conducteurs pour arriver à la tige débile qui succède à la germination? On conçoit facilement que des milliers de petites trompes doivent vîte absorber le peu de sève qui s'élève dans la tige de la jeune plante, laquelle tige devient bientôt comme un membre qui a perdu sa substance nutritive, et qui fléchit parce qu'il n'est plus enveloppé que par sa peau. Ainsi meurent d'un instant à l'autre les plantes livrées à cette petite horde destructive et imperceptible à l'œil.

Nous avons semé, comme essai seulement, dans le premier jardin qui ait été sur les défrichements de la colonie, des graines de petites raves, de choux, de salade et autres légumes. Toutes ces graines ont levé dans la perfection; mais peu de jours après, une mortalité épidémique les anéantissait successivement. Nous avons bien vîte reconnu que, dans les landes, aussi bien que dans les autres sols que nous cultivons depuis longues années, les mêmes causes de destruction se reproduisaient lorsque l'on voulait anticiper ou combattre l'action du temps, pour avoir des produits. Nous avons été d'autant plus convaincus de cette vérité, que sur le même sol des landes défrichées depuis quatre mois, là même où les premières plantes avaient été détruites, il existe aujourd'hui des plantes de même nature vraiment remarquables par leur végétation. Il nous semble donc évidemment démontré que, dans les landes comme partout ailleurs, la question du temps doit être religieusement respectée, et que le sol n'est susceptible de production que lorsque les détritus qui se trouvent à la surface sont complétement décomposés. Nous devons dire cependant que si l'on tenait à rapprocher le temps de la production, on le pourrait avec le secours d'engrais animaux. Nous avons remarqué que les animacules n'atteignaient plus la jeune plante, soit que le stercus leur répugne, soit que la végétation plus active et plus prompte, donnant assez de force à la jeune plante, lui offre aussi plus de moyens de résister à ses nombreux ennemis.

Dans le système général de l'agriculture et dans tous les pays du monde, de quelque nature que puisse être le sol, la question prédominante est celle des engrais ; c'est ce que nous appellerons le mécanisme de l'agriculture. Mais tous les résultats humains devant d'abord partir d'une base certaine, il n'en est pas qui le soit davantage en agriculture que celle de la plus grande masse possible d'engrais. L'intelligence du cultivateur consiste principalement dans son ingénieuse répartition et dans les moyens à employer pour en augmenter la quantité. Il est ordinairement reconnu que pour avoir un bon produit en céréales, il faut apporter sur un hectare vingt-cinq voitures à cheval d'engrais animal, conséquemment cent voitures pour quatre hectares, deux cents pour huit, etc.

Cette proportion serait effrayante en jetant un coup-d'œil sur une vaste entreprise agricole. Ne pourrait-on pas, avec des conditions infiniment meilleures, arriver à des résultats au moins égaux avec six fois moins d'engrais, et même, en combinant les ressources offertes par la localité, arriver à un état tel, que les plus beaux produits viendraient un jour démontrer dans les Landes ce que l'art agricole peut obtenir avec le secours de l'intelligence?

La plaine d'Arcachon fixe notre attention particulière, et sans affirmer d'une manière absolue que le système que nous allons faire connaître soit le seul qui puisse fertiliser les Landes, nous croyons cependant qu'il doit suffire momentanément. Ainsi, l'incinération de tous les végétaux et de toutes les substances ligneuses qui couvrent la surface du sol étant un puissant moyen d'activer la végétation, il faut le ménager. Une première incinération du tiers à peu près des végétaux suffit à la première année; les deux autres tiers doivent être mis en réserve sur le sol même, de manière à ne pas embarrasser la première année de culture, et attendre successivement les deux années suivantes, de telle sorte que chaque année le sol puisse être amendé par l'incinération ou la décomposition des végétaux, auxquels on ajouterait une faible partie d'engrais animaux. On pourrait alors obtenir, en employant le semoir-Hugues, d'abondantes récoltes en céréales.

Mais sur une grande surface ce système serait inapplicable. La culture des plantes espacées peut seule être employée avec avantage, parce qu'elle résume, à certaines distances et uniquement pour elle, la portion d'engrais qui lui est attribuée. On conçoit facilement qu'en donnant à chaque plante environ nn pouce cube d'engrais, on parviendra à répandre sur au moins six hectares la même quantité qu'il aurait fallu répandre sur un seul hectare destiné à être ensemencé en céréales. Ainsi, six fois moins d'engrais, pour arriver à un produit six fois plus fort. On pourrait faire observer, peut-être, que les frais de culture sont beaucoup plus considérables; mais on ne tarderait pas à s'apercevoir que les produits dédommageraient au-delà; on peut d'ailleurs consulter à cet égard les cultivateurs flamands. Nous sommes donc d'avis qu'il faut, autant que possible, dans les landes d'Arcachon, porter toute son attention sur les plantes espacées et le judicieux emploi de l'engrais. Nous ne craignons pas d'avancer que ce système, bien compris dans sa mise en application, résout la question de prospérité, et conséquemment d'avenir pour le pays. En effet, cette méthode n'est-elle pas à la portée de tous les propriétaires habitant les Landes, qui cultivent seulement une parcelle de terre, dans laquelle ils enfouissent tous les engrais provenant de leurs étables ou de leurs parcs à moutons? Ils reconnaîtront la possibilité d'étendre leur culture et leur engrais sur une surface six fois plus grande, et d'obtenir immédiatement un revenu beaucoup plus considérable. Ainsi, dans les Landes, on pourrait accroître la culture et les revenus de cinq sixièmes en très peu de temps, et à mesure que la masse des engrais deviendrait plus forte par la mise en culture d'une plus grande quantité de terre, la fertilité gagnerait successivement, et finirait par envahir à la longue toutes les localités qui sont susceptibles d'amélioration. C'est ainsi que l'on peut sagement et avec le temps conquérir une vaste contrée, en se servant des ressources qu'elle a journellement à sa disposition et les multipliant tout naturellement par l'accroissement des produits.

Une grande colonisation doit avoir nécessairement de plus larges moyens à sa disposition, et, avec le même système, arriver plus promptement aux mêmes résultats; mais nous pensons qu'il est impossible de coloniser avec des colons élevés dans le pays même. L'habitant des Landes n'est pas propre à la culture des terres : il a trop d'autres moyens de subsistance à sa disposition.

Il est donc nécessaire d'y introduire des colons étrangers au pays, en évitant surtout ces agriculteurs industriels, véritables sangsues de toutes les terres livrées à leur cupidité, qui ne quittent le sol qu'après en avoir aspiré toute la substance vitale. Toute leur capacité, tout leur savoir-faire consistent à en obtenir la quintessence dans un délai donné. Livrer à de tels hommes le sol délicat des Landes, c'est, à notre avis, le soumettre à des conditions de mort. Nous sommes donc convaincus qu'il y a tout avantage à fonder de grands établissements confiés à des agronomes éclairés. Par ce moyen, on évite la multiplicité des constructions à faire, on diminue la masse des faux frais, la surveillance de l'administration se trouve simplifiée, et enfin l'expérience et les soins des chefs d'établissements, répandus sur une grande surface, apprendront ce que vaut la terre, et mettront la colonisation à même de débattre avec connaissance de cause ses propres intérêts contre l'avidité des fermiers, et tout en entreprenant une grande opération sur une plus grande échelle, la première mise de fonds sera moins considérable, les résultats plus prompts, la confiance plus grande, et l'avenir plus assuré. Je citerai, d'ailleurs, à l'appui de ce que j'avance, la manière de cultiver en Angleterre. Tout le monde sait que la grande culture anglaise est beaucoup plus avancée que dans tout autre pays. Plusieurs agronomes ont essayé d'établir des systèmes d'assolement : leurs méthodes se résument dans l'application des rotations, par deux, trois, quatre années, et quelquefois en évitant de donner à la terre, deux années de suite, la même plante qu'elle a déjà portée. Nous reconnaissons en principe avec eux que cette méthode peut présenter un grand avantage, mais l'expérience nous a démontré que certaines terres avaient en prédilection les plantes qui sympathisaient avec leur tempérament.

Un système arrêté d'assolement, méthodiquement et règulièrement suivi, peut avoir ses inconvénients très graves, à moins que le sol ne soit doué d'une richesse telle qu'il puisse accepter, sans courir aucune chance pour le cultivateur, toutes les lois tyranniques qui lui sont imposées. Nous reconnaissons que la terre n'est qu'un réceptacle dans lequel doivent se développer tous les germes qui lui sont confiés, et que son état plus ou moins normal la rend plus ou moins féconde. La terre des Landes, par exemple, comme nous l'avons déjà dit, offre une constitution délicate; il est nécessaire de ménager ses facultés. C'est le résultat de l'expérience et du tact dans l'homme appelé à la diriger, qui pourra déterminer l'assolement qui lui est applicable. Nous reconnaissons, par exemple, la possibilité d'obtenir les luzernes sur les parties les plus saines et ayant le plus de profondeur en terre végétale. Le trèfle incarnat, déjà établi dans le pays, y réussit très bien; les topinambours, les pommes de terre, les pois-fourrages et autres, les raves, les navets, panais, betteraves, y réussissent aussi. Mais une plante qui peut devenir un des plus riches comme le plus beau produit des Landes, c'est le colza, dont l'huile se vend facilement et toujours à un prix fort élevé. La spergule, le sainfoin, la pimprenelle, la chicorée sauvage, y viennent sans engrais et résistent aux plus fortes chaleurs. Le dactyle, le raigrass de France, et quelques autres graminées, y croissent naturellement. On pourrait y introduire beaucoup d'autres plantes et les cultiver avec avantage.

Il serait alors nécessaire de changer dans les Landes la petite race des bêtes à cornes; mais ce changement ne peut avoir lieu qu'en établissant des prairies où les herbes nourrissantes viendront remplacer celles qui végètent péniblement sous la lande. Lorsqu'on aura obtenu de nouveaux herbages, on sera à même de se livrer à l'éducation des races améliorées; on pourra composer les cheptels entièrement de vaches, qui donneront des produits considérables en élèves, en beurre, en fromages, et tout le monde sait que la culture faite par des vaches, lorsque le terrain le permet, est la moins coûteuse et la plus productive de toutes.

Des plantations nombreuses sont nécessaires dans les Landes, où la violence des vents est quelquefois nuisible aux céréales et aux autres plantes qu'on y cultive.

Parmi les arbres forestiers que nous croyons devoir mieux réussir, nous citerons le peuplier d'Italie, sur les bords des eaux courantes, le suisse et le canada, le blanc et le noir de Hollande, le grisard, le tremble, les peupliers de France, l'acacia, le frêne, le chataignier, les ormes à larges et à petites feuilles, le tortillard, et beaucoup d'autres espèces qu'il sera bon d'essayer. Le mûrier y croît très-bien; ses rameaux sont nombreux et la feuille abondante, et d'après les essais faits dans les cantons voisins par divers propriétaires, nous ne pouvons douter qu'on n'habitue les colons à l'éducation des vers à soie, comme cela se pratique dans un grand nombre de départements.

Les arbres fruitiers que l'on remarque aux environs de La Teste sont : le figuier, le pêcher, le poirier, le prunier, le pommier. Nous pensons qu'on pourrait y introduire beaucoup d'autres espèces. Le noyer tardif, par exemple, y réussit très bien ; mais tous les arbres à fruits demandent une position abritée. Enfin, les Landes d'Arcachon sont susceptibles de donner presque toutes les productions ; mais il sera nécessaire de mettre du discernement et de l'observation dans l'introduction des arbres et des plantes qu'on voudra leur approprier.

ESPÈCES DE CHEVAUX,

Bêtes à cornes.

Il existe dans les Landes, et surtout dans le Maransin, situé à environ douze lieues du Bassin d'Arcachon, une espèce de chevaux remarquables par leurs formes et la bonté de leurs poumons. Ils ont probablement pris leur origine dans cette race arabe que les Maures ont dû y introduire autrefois. Ils participent aussi du cheval navarrais ; on en rencontre très peu qui rappellent le cheval espagnol. Les chevaux des Landes sont petits ; ils ont les membres souples et déliés, la tête légère et carrée, les naseaux très ouverts, l'oreille fine et bien attachée, l'encolure souple, mais un peu courte; ils soutiennent les plus longues fatigues, vivent de peu, et ne sont sujets qu'à un petit nombre de maladies. La plus commune dans les Landes est appelée *angine*, ou inflammation du larynx. On distingue trois espèces de chevaux : la première, appelée des *lettes*, ou *dunes de la mer* ; cette espèce est aussi appelée *cheval sauvage*, parce qu'ils vivent constamment en liberté dans les montagnes de sable, les forêts, les marais et les broussailles ; ils sont néanmoins la propriété d'un certain nombre d'habitants. Celui d'entre eux qui a besoin d'un cheval, cherche à distinguer celui qui lui convient le mieux. On lui fait alors la chasse jusqu'à ce qu'il soit pris, et c'est avec la plus grande peine qu'on le conduit à l'écurie ; il refuse ordinairement toute espèce d'aliment, et se laisse mourir plutôt que de renoncer à sa liberté. On ne peut donc compter sur un de ces chevaux que lorsqu'il a consenti, après huit jours de détention, à manger successivement un peu ; alors il s'accoutume, et bientôt le Landais possède ce cheval infatigable qui le transporte avec tant de légèreté et de rapidité à quinze ou vingt lieues sans se reposer.

Une autre espèce de chevaux appelés *barbes*, ce qui semble rappeler encore son origine arabe, vit dans les marais du littoral. Ce cheval est très petit, charmant dans ses formes ; sa tête est légèrement busquée et son oreille plus allongée ; quoique très bon, il est loin de valoir le cheval sauvage.

La troisième espèce se nomme *cheval des Landes* ; sa taille est de quatre pieds quatre à six pouces ; il est peu distingué dans ses formes, mais il est patient, sobre, et supporte longtemps la fatigue. Les habitans de La Teste ne possèdent guère que cette race, qui rend de si grand services, que je ne puis m'empêcher de les énumérer ici. Je dirai d'abord que chaque habitant ayant un droit commun sur la forêt de La Teste, y trouve chaque jour le bois nécessaire à l'entretien de sa maison. Chaque matin, le petit cheval, garni de son bât, suit le sentier de la forêt ; il porte une jeune fille munie d'un instrument tranchant destiné à couper la provision de plusieurs jours, et bientôt l'un et l'autre reviennent à La Teste enrichis d'une charge de bois qui se vend 1 franc, lorsque toutefois le ménage a été suffisamment approvisionné. Ce premier travail fait, le petit cheval est envoyé sur le bord de la mer, dans les prés communs, pendant quatre ou cinq heures, sous la garde d'un berger ; il y puise sa nourriture, jusqu'à ce que la marée montante vienne le chasser de son domaine et couvrir de ses flots les pâturages qui servent à sa nourriture. On voit chaque jour, aux mêmes heures, aller ou venir cent ou cent cinquante petits chevaux prendre leur repas dans les prés salés. A peine sont-ils de retour, que le bât reprend sa place; on y accroche deux grands paniers. La jeune Landaise y remonte alors et va porter à Bordeaux (1) du poisson, des coquillages, ou du gibier. Elle franchit les treize lieues et demie qui séparent La Teste de Bordeaux en quelques heures ; elle échange immédiatement la valeur de sa petite cargaison contre des fruits, du fromage, etc., et trouve le moyen, en voyageant toute la nuit, d'arriver à La Teste encore assez à temps pour envoyer son petit cheval au pâturage, et pendant qu'il se délasse en pacageant, la jeune fille cherche à vendre avec bénéfice, en parcourant les rues de la ville, les fruits et autres objets qui lui coûtent tant d'insomnies. On voit encore ici la répugnance

---

(1) Depuis l'établissement du Chemin de Fer, le poisson et les coquillages sont envoyés à Bordeaux par cette voie.

qu'éprouvent les habitants des Landes à cultiver le sol, puisqu'ils préfèrent des moyens industriels aussi pénibles aux richesses que la terre pourrait placer sous leurs mains.

Ces petits chevaux servent encore à porter les baigneurs. Il n'est pas rare, dans la saison des bains, de rencontrer des cavalcades composées de vingt à trente personnes, allant en groupes visiter tout ce que les environs de La Teste offrent de curieux et d'intéressant. Rien de joli comme ces cavalcades lancées au galop, et parcourant la plaine avec une étonnante rapidité.

La race des bêtes à cornes, quoique plus forte et ayant plus de poids que celle qui nous vient des landes de Bretagne, n'en est pas moins d'une petite espèce. Il est bon de faire remarquer, cependant, que la race bovine étant plus grande dans les Landes que dans la Bretagne, on doit cette circonstance à la qualité du sol et de l'atmosphère. N'est-il pas reconnu partout que les meilleurs herbages donnent des animaux d'une meilleure espèce? Les bœufs employés aux travaux ne sont jamais élevés dans la contrée; ils viennent presque tous des environs de Mont-de-Marsan ou de Bazas. Ils servent plus particulièrement à cet habitant des Landes qui passe sa vie à conduire de la résine et autres objets de commerce. Tout ce qu'il a d'énergie et de facultés intellectuelles se résume dans la vive affection qu'il porte aux deux bœufs qui lui sont confiés. Il s'arrête souvent pour les laisser reposer, soit à l'ombre d'une forêt, ou sous un auvent de parc à moutons. Il s'asseoit en face de ses bœufs, et prend dans sa main une petite quantité de foin, dans laquelle il glisse un peu de son; il enfonce le bras dans la bouche du bœuf jusqu'aux molaires ; il lui ingère ainsi à petites doses la nourriture. La tranquillité avec laquelle se fait cette opération, qui semble établir un fluide magnétique entre l'homme et l'animal, a quelque chose d'impatientant à voir, par la lenteur que met le bœuf à mâcher et la persévérance du Landais à ingérer. L'avantage de cette méthode s'explique cependant par l'économie qu'elle donne sur le foin et le son, dont rien ne se perd, et enfin le prétexte que trouve le Landais à satisfaire sa nature molle et paresseuse.

Les vaches vivent en grands troupeaux dans les forêts communes ; on n'en retire ni beurre ni fromage. On élève tous les veaux, et on se défait des vieilles mères.

Les moutons sont d'une assez bonne race, à laine longue ; mais l'humidité des Landes, non desséchées pendant une grande partie de l'année, rend leur existence courte, et leur produit reste au-dessous de ceux qu'on obtient sur des points plus élevés.

Il existe un fléau destructeur dans les Landes : ce sont les troupeaux de chèvres ; mais elles sont à peu près bannies des landes du Bassin d'Arcachon, et notre projet étant de nous occuper plus particulièrement de cette partie, nous nous abstiendrons de faire ressortir tout ce que ces troupeaux ont de funeste et de désastreux sur les autres points.

COMMERCE.

Résine, Goudron, Essence, culture du Pin résineux.

—

Le commerce, comme nous l'avons dit, occupe la presque totalité de la population mâle; les transports des résines, des essences et du goudron suffisent à l'emploi de son temps et de celui des animaux. Mais nous croyons qu'il est intéressant de faire connaître d'abord la culture de l'arbre qui est le plus bel ornement comme aussi la plus grande richesse du pays. Il suffit, pour obtenir une forêt de pins, de défendre le pacage sur les terrains que l'on veut ensemencer; on jette sur la bruyère deux hectolitres de graines de pin par hectare. Quelques personnes donnent un léger labour; d'autres sèment avec une petite pioche, qui soulève la terre et recouvre légèrement les graines qu'on y a semées. Quelles que soient les méthodes employées, elles sont toutes bonnes. Après quinze ans, on fait une éclaircie, et les jeunes pins qui en proviennent sont employés à faire des échalas pour les vignes, jusqu'à l'âge de vingt-cinq ans. On retranche successivement, de manière à laisser toujours les plus beaux pins et les mieux venants, pour être, à l'âge de vingt-cinq ans, mis en production. On en garde un nombre suffisant pour qu'en éclaircissant périodiquement tous les cinq ou dix ans, il puisse en rester de cinq cents à six cents sur la superficie d'un hectare, ayant atteint environ quarante ans d'âge. C'est à vingt-cinq ans que le résinier commence à faire produire le pin. Avec une petite hache courte et très tranchante, il entaille perpendiculairement et à sa base l'arbre jusqu'au vif. Lorsque l'instrument dont il se sert a mordu assez avant pour que la résine puisse facilement couler, le résinier en est averti par un bruit aigu, semblable au cri du pic dans la forêt. Cet effet est le contact du tranchant de l'instrument sur les pores résineux du pin. Il s'échappe bientôt de cette entaille deux substances qu'il faut distinguer : la première est appelée résine molle; elle tombe par gouttes dans un récipient placé au pied de l'arbre. Cette sécrétion blanche et non liquide qui reste attachée à la plaie de l'arbre, s'appelle le *barras* ou *galipot*; il sert à faire la résine, tandis que la résine molle sert à faire l'essence. Le goudron se compose des substances rejetées qui n'ont point été dissoutes par l'action du feu.

Le résinier, selon le tempérament de l'arbre, c'est-à-dire son âge et sa vigueur, élève, en remontant plus ou moins, l'entaille jusqu'à la hauteur de quatorze à quinze pieds. Lorsque l'arbre est arrivé à un âge avancé, il remonte une autre entaille, et enfin, successivement jusqu'à quatre, époque à laquelle l'arbre est définitivement mis à perdre, c'est-à-dire que, ne produisant plus de résine, il doit être exploité. Les menuisiers de la ville de Bordeaux, sur la demande qui leur a été adressée, ont répondu que le bois de menuiserie provenant des pins mis à perdre, était préférable à celui de tous les autres.

On est étonné de voir l'adresse avec laquelle les résiniers montent à la tige des arbres; un simple morceau de bois entaillé leur sert d'échelle; ils l'appliquent contre la tige du pin, et, arrivant rapidement aux entailles les plus élevées, ils retiennent simplement cette échelle singulière en appuyant en dessous la jambe contre l'arbre.

Le commerce des résines est très considérable à La Teste, et nous ne craignons pas d'avancer que le pin maritime est le meilleur et le plus productif de tous les arbres. En effet, de quinze à vingt-cinq ans, il donne de l'échalas et du charbon; de vingt-cinq à cent cinquante, il donne de l'essence, de la résine et du goudron; enfin, lorsqu'il est mis à perdre, il donne du bois de menuiserie, de construction et de chauffage, et la souche sert, en outre, à faire encore du goudron. Ainsi, on estime dans le pays que le pin mis en production rapporte 20 centimes par an net au propriétaire. En établissant que, terme moyen, un hectare en production porte 180 pins, nous trouverions par hectare un revenu net de 36 francs; et si nous ajoutons à ce revenu la valeur des arbres qui restent à exploiter après cinquante ans, dont la moyenne serait d'environ 150 arbres par hectare, valant 5 francs pièce, nous trouverons 750 francs par hectare, ce qui paie au moins la valeur de l'hectare. D'après ce calcul, la fortune d'un propriétaire d'une forêt de pins se trouverait doublée après cinquante ans.

Si nous comparons le pin aux autres arbres forestiers, et que nous le soumettions aux conditions ordinaires des coupes réglées, nous verrons qu'un semis de pins pourrait être coupé trois fois dans l'espace de temps voulu pour couper un taillis de chênes. Tous les forestiers sont d'accord qu'il faut cinquante ans pour couper avec avantage un semis de chênes; on reconnaît également qu'à l'âge de quinze ans le pin résineux peut être coupé comme bois à brûler avec avantage. On couperait donc trois fois au moins en cinquante ans ; donc, on aurait d'un semis de pins un produit trois fois plus fort que celui d'un semis de chênes ou autres espèces forestières. Néanmoins, il est nécessaire de semer du gland dans les forêts de pins, pour y faire croître le chêne, afin de procurer les moyens de construction des barques, soit pour le commerce maritime, soit pour la pêche du Bassin et de la grande mer, qui est pour les Landes une source d'aisance et de bien-être.

Il nous reste donc un parallèle à établir entre le produit des pins maritimes, celui des prairies et des céréales. Nous regardons le produit des prairies, et surtout des prairies arrosables, comme étant le premier de tous, par la raison qu'il en coûte moins pour faire faucher et entretenir une prairie arrosable qu'il n'en coûte pour entailler les pins, et enfin faire subir à la résine toutes ses transformations jusqu'au produit net. Nous établissons ainsi le revenu d'un hectare au minimum : 1° six milliers pesant de foin par hectare, à 30 francs le millier, 180 fr. Nous abandonnons la valeur des secondes herbes aux faucheurs et à l'entretien de la prairie. On voit donc ici une différence de 30 fr. en plus sur le produit d'un hectare en pins, sans compter le bénéfice sur le bétail que la prairie peut recevoir pendant sept à huit mois de l'année. Quant aux produits des céréales, il est évidemment inférieur ; il est donc inutile d'en faire ici le détail estimatif. Il n'en est point ainsi du colza, du tabac et de la betterave, qui présentent un résultat supérieur même à celui des prairies arrosables. La Flandre et la Limagne d'Auvergne nous en offrent un exemple. L'hectare peut donner jusqu'à 500 francs de produit net. Le système que nous avons proposé, qui tend à introduire dans les Landes la culture des plantes espacées, serait donc le meilleur, et alors les terres des environs du Bassin d'Arcachon, partout où l'on pourrait espacer l'engrais animal, produiraient autant que nos sols de première classe.

Le commerce de la ville de La Teste, comme nous l'avons dit, consiste principalement en résine ou en matières provenant du pin maritime. On les divise ainsi :

Braies
- d'exudation........... { Résine molle. / Résine concrète, barras et galipot.
- obtenues par combustion............. { Concrète, brai gras. / Liquide, goudron.

Epurées, pâte de térébenthine { Commune. / Fine de Venise. / De Chine ou de soleil.

Distillées, huile ou essence de térébenthine.

Résidu de distillation........... { Brai sec ou arcanson. / Colophane. / Résine d'huile.

Nous n'entreprendrons point d'entrer ici dans tous les détails auxquels on soumet la résine pour en extraire toutes les matières qui font l'objet du détail ci-dessus. Les procédés sont assez connus ; nous nous bornerons à dire qu'ils pourraient être encore perfectionnés.

Mouvement du commerce de La Teste en 1838.

En 1838, il est sorti 170 navires, chargés de 4,116 tonneaux, et montés de 681 hommes d'équipage.

Idem, navires sur lest, 36,133 tonneaux, 154 hommes d'équipage.

On a exporté de La Teste pour les côtes de Bretagne et autres points :

Résineux de diverses natures........ 3,709,589 kil.
Cet article seul, à 14 fr. le quintal,
donne.................................... 519,330 fr.
Essence de térébenthine.......... 128,694 kil.
Bois de construction et marchan-
    dises diverses................... 1,401,974
Plus les résines................... 3,709,589

Total général et exportations par
    navires.......................... 5,240,257 kil.

Il y a beaucoup d'autres exportations par Bordeaux. L'essence de térébenthine surtout n'est guère portée ici que pour un quinzième. Tout le surplus va à Bordeaux par voitures.

L'industrie du fer a aussi beaucoup d'importance dans le département des Landes. On y compte dix-huit fourneaux, six laminoirs et vingt-six feux d'affinerie ; les environs du Bassin d'Arcachon ne possèdent encore que le fourneau du Poneau. Cependant le minerai est extrêmement abondant dans les environs du village du Teich. On le trouve à la surface du sol; l'exploitation en est très facile. Il n'y a qu'à extraire le minerai à ciel ouvert et à le laver sur les lieux; on pourrait avec avantage y faire de la fonte. La fonte des Landes est en général bien traitée, assez liquide et très propre au moulage; elle est dure sans être trop cassante. On peut employer le charbon de bois de pin, qui est excellent et donne beaucoup de calorique. Enfin, nous ne saurions trop faire ressortir tout le développement dont est susceptible cette partie du département de la Gironde.

Nous citerons encore la verrerie de Biganos. Son voisinage avec Bordeaux, où il se fait une si grande consommation de verres à bouteilles, rend cette industrie très active, et on pourrait l'étendre avec d'autant plus d'assurance, que les matières premières sont en partie sur les lieux; le combustible est fort bon marché. Enfin, nous entrevoyons la possibilité d'augmenter ce genre de spéculation.

On pourrait aussi se livrer à la fabrication du sel marin, et par conséquent de la soude; les sels, d'ailleurs, pourraient être employés comme amendement dans l'agriculture. Une autre industrie, qui tendrait à hâter la fertilisation des Landes, se présente à notre pensée. L'exploitation des argiles salines et des crassas de la mer (1), convertis en engrais pulvérulents, viendrait tripler et peut-être quintupler (en employant le semoir de M. Hugues) les défrichements et les produits. Les chefs d'établissements agricoles, en général, surtout aujourd'hui où l'agriculture est devenue industrielle, aimeront à trouver des amendements auxiliaires consciencieusement préparés et à prix fixes, de telle sorte qu'ils puissent calculer exactement, comme

---

(1) M. le docteur Lalesque père a obtenu des produits remarquables avec les crassas.

on le fait dans une fabrique, le prix de revient par hectare balancé avec le produit net.

L'incinération des tourbes ne présenterait-elle pas encore un moyen de spéculation? La potasse qu'elles contiennent contribue à activer la végétation des plantes; et s'il était possible, comme nous le croyons, de livrer ces cendres à bon marché, elles deviendraient un des moyens que nous proposons comme devant étendre promptement la culture des Landes. Le canal qui traverse la plaine de Cazeaux sera peut-être bien prochainement poursuivi jusqu'à Bayonne; il deviendrait alors cette grande artère destinée à répandre par sa circulation une vitalité si utile et si avantageuse à cette partie des Landes qui se trouve placée en-deçà des dunes du littoral océanique.

Nous avons résumé, dans le cours de cette brochure, à peu près tous les moyens industriels qui offrent aux Landais les objets nécessaires à leur existence, et leur font dédaigner la culture des terres. Il faut donc en conclure que les Landes restent incultes, parce que tous les bras sont employés à d'autres travaux que ceux qu'il serait si important de donner à la terre. Lorsque nous avons fondé une colonie, nous avons été effrayés d'abord par l'obligation dans laquelle nous avons cru nous trouver d'y attirer des colonies étrangères; mais bientôt, sans nous donner la moindre peine, nous avons vu arriver une population tout entière de terrassiers espagnols. Fuyaient-ils les divisions et la guerre qui dévoraient leur pays, ou bien venaient-ils, après avoir dilapidé les mines du Pérou, chercher avec notre monnaie de cuivre quelques moyens d'existence, couverts de haillons, suivis d'une femme et de quelques enfants?

L'Espagnol ne demande qu'une petite place au milieu de la plaine ; il semble que ne pouvant être compris par les autres hommes, il recherche l'isolement. Comme le castor, il se construit une petite cahute; quelques morceaux de bois, se contre-butant par les bouts, quelques lattes en travers, sur lesquelles il étend de la paille, recouverte de mottes de gazon, telle est l'architecture de ces misérables cabanes. A l'extérieur et à l'abri du vent, un trou pratiqué dans la terre sert de fourneau pour préparer les repas de toute la famille; la nuit, une petite porte en bois tressé se ferme sur le père, la mère et les enfants, qui dorment tous paisiblement sur un lit de paille jusqu'à l'apparition du jour.

L'Espagnol, que l'or et les institutions monacales auraient dû rendre éminemment paresseux, est, au contraire, pourvu d'une force musculaire telle qu'il exécute les travaux les plus rudes avec une promptitude, une persévérance et une activité bien supérieures à celles de tous les Français que nous avons employés ; les Français sont moins sobres, d'un caractère plus indépendant, et l'usage continuel qu'ils font du vin et des liqueurs fortes leur ôte cette énergie si nécessaire à l'exécution des grands travaux. L'Espagnol occupe toutes les heures de sa journée autant que dure la semaine ; le dimanche seulement il cherche quelque récréation : il s'associe à ses compatriotes ; il n'est pas rare de les rencontrer par groupes, ayant à leur tête deux ou trois chefs qui les conduisent en chantant des airs nationaux qu'ils accompagnent en jouant sur des mandolines. Mais il faut dire que si le Français est moins laborieux, il est plus doux, plus gai et plus intelligent que l'Espagnol, qui a ses moments de férocité. Le couteau est pour eux une arme dangereuse ; ils s'en servent beaucoup trop souvent pour exercer la moindre vengeance. Quels que soient, d'ailleurs, leurs défauts ou leurs qualités, ils sont hommes d'exécution, et c'est par eux que nous sommes parvenus et que nous espérons parvenir aux défrichements des landes d'Arcachon. Là devra se borner leur mission dans cette contrée en ce qui concerne l'agriculture ; après eux viennent des colonies françaises, qui, avec l'aide des instruments perfectionnés, auront bientôt mis en état complet de production ces terres arrosées de la sueur des Espagnols. Tel est donc l'esprit des peuples civilisés qu'ils ne puissent se livrer qu'à des travaux intellectuels et qui ne demandent pas l'action fatigante et continue du corps humain !

Nous nous hâtons de terminer les détails dont cette brochure est remplie. Une contrée aussi intéressante que les Landes d'Arcachon serait digne d'exercer une plume plus habile que la nôtre ; mais nous avons pensé qu'on nous pardonnerait de fixer l'attention publique sur un pays dont l'aspect, les usages et les mœurs sont si exceptionnels, et qui devient, lorsqu'on le connaît parfaitement, l'objet du vif intérêt que lui ont déjà porté des hommes éclairés et amis du bien public.

Prises dans leur état actuel, les Landes ont d'abord quelque chose de repoussant ; mais lorsqu'on a passé quelque temps sur cette terre qui semble devoir être abandonnée, on s'y attache naturellement, non-seulement par les ressources de toute nature qu'elle offre aujourd'hui à ses habitants, mais encore par celles qui y sont ignorées et qu'on serait si heureux d'y introduire. Nous pouvons affirmer que rien ne s'y oppose, et c'est ce qui nous a déterminé à donner le premier exemple en acceptant une direction coloniale ; nous serions bien heureux que cet exemple ait pu déterminer ce noble élan qui a conduit dans les Landes des hommes distingués par leur naissance, leur fortune et leur éducation. Ces hommes, voués au bien de leur pays, n'ont pas hésité à quitter leur famille et leurs terres pour venir apprendre aux habitants des Landes tout ce que peuvent l'activité, le dévouement et le savoir. Nous avons encore sept millions d'hectares incultes en France : devant cette source de tant de richesses, quel est l'homme qui manquerait de cœur, lorsqu'il s'agit de prouver à la France tout entière que les capitaux confiés avec discernement à la terre sont le meilleur comme le plus sûr des placements? Honorer l'agriculture, la placer à sa véritable hauteur, appeler à elle toutes les sciences; n'est-ce pas ouvrir une carrière noble et indépendante dans laquelle ce trop-plein de la jeunesse érudite viendrait se déverser? L'Etat alors trouverait un gage de sécurité, et le pays une source intarissable de richesses. Les peuples qui travaillent sont toujours des peuples sages; ils grandissent et prospèrent par la puissance de la paix et d'une confiante stabilité, qui seule permet et protége les bonnes et grandes œuvres.

INDICATEUR DE L'ÉTRANGER

SUR LE

CHEMIN DE FER DE LA TESTE.

Tandis que des pays riches, populeux et renommés demandent encore à grands cris des chemins de fer, et que, depuis vingt ans, ils les demandent en vain, n'est-ce pas une merveille d'en trouver un dans les Landes!! dans cette contrée déserte qui passe pour la plus pauvre de France, et qui, certes, en est la moins connue et la plus dédaignée!!

Un tel résultat est bien digne de fixer l'attention.

Ne vous pressez donc pas de juger, lecteur, vous qui venez de la Normandie, de la Belgique, de la Touraine ou des fertiles vallées de la Garonne, vous qu'amène le wagon du matin et que pourra remporter le wagon du soir : ce n'est point en quelques heures que l'on peut apprécier le pays. Si cette courte notice ne vous décide pas à y séjourner quelque temps, peut-être vous inspirera-t-elle le désir de le revoir.

Départ de Bordeaux,

A 52,302 MÈTRES DE LA TESTE.

Un élégant escalier conduit aux salles d'attente ; on monte en voiture sous une gare couverte aussi simple que gracieuse; dans six ou sept quarts-d'heure on descendra à La Teste.

Il y a quelques années, nous quittions Bordeaux à quatre heures pour n'arriver que le lendemain matin à sept heures, après des secousses abominables dans une voiture ouverte aux vents et à la pluie, où l'on payait huit francs par place. L'hiver, on n'avait que des charrettes à poisson.

Il y a vingt ans, on ne pouvait voyager qu'à cheval, ou bien en chars trainés par des bœufs, qui ne franchissaient la route qu'en trois jours et trois nuits. — Heureux quand les débordements de la Leyre n'interrompaient pas les communications !

Première gare. — Médoquine.

A 1,772 mètres de Bordeaux. — A 50,532 mètres de la Teste.

Nous avons traversé des vignes depuis notre départ de Bordeaux. Sur la gauche de la route, au moment où l'on passe devant la station, on apperçoit la maison carrée de l'ancien domaine de Chollet, qui faisait partie de la sénatorie de Bordeaux, dont fut pourvu le maréchal marquis de Pérignon, en 1804. Pérignon, général en Espagne en 1793, gouverneur de Parme et de Plaisance en 1806, mourut, en 1818, gouverneur de la première division militaire.

Sur la droite, on voit, en faisant route, le domaine de la Mission, qui produit des vins estimés.

Sur la droite encore, se trouve le joli château d'Haut-Brion, dont les vins forment les premiers crûs des vins rouges de graves; pendant plusieurs années, leur réputation avait baissé; mais, depuis quelque temps, ils ont reconquis leur rang. M. Eugène Larrieu, banquier à Paris, en est maintenant le propriétaire.

En quittant Haut-Brion, la locomotive entre sur un viaduc de 930 mètres de longueur, destiné à franchir la vallée qui sépare les côteaux d'Haut-Brion du village de Pessac.

Deuxième gare. — Pessac.

A 4,452 mètres de Bordeaux. — A 47,862 mètres de la Teste.

Depuis la première gare, on a toujours traversé des vignes; on distingue, à quelque distance du chemin, une foule de maisons de campagne.

La station de Pessac est auprès de l'église. Avant d'arriver à la gare, on rencontre, sur la gauche, un bouquet de pins semés pour faire de l'œuvre destiné à échalasser des vignes.

A la sortie de Pessac, après un joli bosquet d'acacias, se montrent de nouveaux vignobles, connus sous le nom de *vignes du pape Clément*; c'étaient, dit-on, les vins de cette localité qu'affectionnait particulièrement Bertrand de Got, archevêque de Bordeaux, qui prit le nom de Clément V lorsqu'il fut nommé pape.

Troisième gare. — Saint-Médard.

A 7,035 MÈTRES DE BORDEAUX. — A 45,269 MÈTRES DE LA TESTE.

Avant d'atteindre la troisième gare, on traverse des plantations de pins. Ce terrain n'était guère que de la lande; il a été successivement couvert de pins à mesure que la prolongation de la route de Pessac a permis d'en tirer parti par l'exploitation des bûches pour Bordeaux. On commence à voir de temps à autre quelques pièces de landes.

Quatrième gare. — Gazinet.

A 10,975 MÈTRES DE BORDEAUX. — A 41,239 MÈTRES DE LA TESTE.

Nous avons traversé des pins et des terrains en friche.

En arrivant à la gare, sur la droite de la route, on voit des défrichements, une avenue, et, à quelque distance, une jolie plantation de mûriers et de belles cultures, dues aux soins de MM. Pereyra frères, propriétaires de ce domaine.

Le mûrier réussit bien dans les Landes; on a jeté bas à La Teste, il y a quelques années, de beaux mûriers pour en faire de la menuiserie : l'heure de l'industrie séricicole n'avait pas encore sonné pour cette contrée.

Entre Gazinet et la station suivante, il y avait autrefois des marais fort dangereux.

Cinquième gare. — Toquetoucau.

A 14,790 MÈTRES DE BORDEAUX. — A 37,334 MÈTRES DE LA TESTE.

Touche tout doucement; c'est-à-dire : Ne te presses pas, prends garde à toi et ne mène pas tes bœufs trop vite. Telle est la signification de ce nom patois *Toquetoucau*. Ce quartier était si marécageux autrefois, lorsque la route départementale n'était pas tracée, que l'on courait risque de s'y engloutir avec son cheval et ses bœufs, si l'on ne prenait pas de grandes précautions.

Entre la quatrième et la cinquième gare, nous avons rencontré des terres cultivées, des taillis de chêne et des portions marécageuses; la proportion des pins a diminué.

A la cinquième gare, on entre en pleine lande. Les pins ne se montrent que par bouquets et à l'horizon. On va apercevoir sur la droite, entre les arbres, une maison faite en style gothique, appartenant à M. Pelauque, qui a créé en cet endroit, autrefois désert, une très jolie propriété; un peu plus loin, dans la lande nue, on voit une maison à un pavillon, appartenant à M. Balguerie.

Sixième gare. — Pierroton.

A 17,412 MÈTRES DE BORDEAUX. — A 34,892 MÈTRES DE LA TESTE.

Nous continuons à courir en pleine lande ou dans les nouveaux semis de pins; des bouquets de pins de différents âges paraissent au loin. — L'été, ce sera une aridité digne de l'Afrique; l'hiver, ce seront des nappes d'eau sans fin, des inondations diluviennes.

Tel est, en effet, le double fléau des Landes. Il y faut donc un double remède : fossés de dessèchements quand les pentes le permettent; rigoles d'irrigation quand on a des eaux pour arroser. Ce dernier cas n'a guère lieu qu'auprès des étangs du littoral, tous situés à 17 ou à 23 mètres au-dessus du niveau de la mer.

Le pin est l'arbre qui peut le mieux s'accommoder des eaux de l'hiver et du soleil de l'été; aussi est-ce la plantation par excellence pour le terrain aride que nous parcourons; elle exige peu de frais et ne demande qu'un entretien simple et peu coûteux. On s'étonnera peut-être de n'en voir que des bouquets isolés : cela tient à ce que la plupart des landes que nous traversons appartiennent aux communes, que les troupeaux y exercent le parcours, et que les habitants ne consentent point à se priver momentanément d'une partie de ce parcours pour y effectuer des semis de pins : le présent est beaucoup pour l'homme isolé.

Septième gare. — Verdery.

A 19,692 mètres de Bordeaux. — A 32,612 mètres de La Teste.

Toujours des landes. On aperçoit, sur la droite, les maisons et les défrichements qui bordent la route départementale ; à gauche, dans le lointain, de belles forêts séculaires.

Huitième gare. — Chemin de Mios.

A 22,532 mètres de Bordeaux. — A 29,762 mètres de La Teste.

Nous venons d'entrer dans de nouveaux semis de pins et nous arrivons au chemin de Mios, qui va rejoindre la route départementale.

La Croix-de-Hins, que nous laissons à droite, un peu avant la huitième gare, est un quartier formé par la réunion de quelques maisons situées sur la limite de deux circonscriptions. Hins se trouve écrit Fins dans de vieux titres. (1) Fins est la corruption du mot latin *finis*, qui signifie limite. Croix-de-Hins signifie croix de la limite. Là était, en effet, la limite entre le captalat de Buch et le territoire de Bordeaux, et, plus anciennement, entre le territoire de Boïens. On retrouve des traces de cette voie, appelée encore dans le pays *Camin Bougès* (Bougès par corruption de Boïés) ou *levade* (levée) et qui passe au bois de Gazinet, aux Arrestieux, à la Croix-de-Hins et à la paroisse de La Mothe.

Aux approches de la huitième gare, on aperçoit, sur la droite, dans le lointain, la forêt de Berganton, qui appartient aujourd'hui à M. le duc de Lorge.

---

(1) H et F permutent souvent l'un avec l'autre dans le patois gascon, et indiquent tous deux une aspiration. Femme, en divers dialectes patois, se dit *fenno*, et dans d'autres, *henno* ; feu se dit également *foc* ou *huec*.

Les bouviers qui font les charrois de l'intérieur des Landes et qui viennent de Mios ou d'Arès, avaient l'habitude de s'arrêter au milieu de la nuit à la Croix-de-Hins. Il est résulté de cette station un surcroît d'engrais qui a permis d'établir en ce quartier, au voisinage des maisons que l'on voit à droite, d'excellentes prairies et de fort belles cultures, qui appartiennent aujourd'hui à MM. Verdery et Promis.

Neuvième gare. — Marche-Prime.

A 26,150 MÈTRES DE BORDEAUX. — A 26,154 MÈTRES DE LA TESTE.

On est à moitié chemin. Nous descendons pour renouveler nos provisions d'eau et de combustible. Le nom de Marche-Prime vient d'une petite auberge placée sur la droite, à peu de distance de la gare, et sur la route départementale. La voiture du courrier s'y arrêtait autrefois. C'est là que vont encore coucher quelques chasseurs. La forêt de jeunes pins au milieu de laquelle nous nous trouvons, est semée depuis moins de dix ans. Avant l'ouverture du chemin de fer, on ne rencontrait pas un seul arbre entre la cinquième et la onzième gare.

Dixième gare. — Biart.

A 28,678 MÈTRES DE BORDEAUX. — A 23,632 MÈTRES DE LA TESTE.

Jeunes semis de pins ou lande tout autour de nous; cependant des bouquets d'anciens arbres se rapprochent de la route et nous traversons parfois quelques taillis de chênes, ravagés par les tempêtes.

Onzième gare. — Les Argentières.

A 30,926 MÈTRES DE BORDEAUX. — A 21,370 MÈTRES DE LA TESTE.

Nous avons retrouvé des landes, parsemées de pins jeunes et vieux. Dans le trajet, nous avons rencontré des troupeaux de moutons avec leurs pasteurs huchés sur des échasses. Avec cette espèce de chaussure, on peut traverser les ruisseaux, les marais et les landes inondées qui ont souvent plusieurs pieds d'eau dans les bas-fonds, et on peut surveiller facilement les animaux, que les hautes bruyères dérobaient à la vue.

Du côté de Lacanau, au nord du Bassin d'Arcachon, les échasses sont beaucoup plus élevées que dans ce pays-ci; elles ont cinq à six pieds de haut.

Les échasses, en langue du pays, se nomment *xcangues* ou *xcanques*. Un métayer qui envoie son fils au marché, à quatre ou cinq lieues, avec un agneau sur les épaules, lui crie : *Xanquesté*, prends tes échasses, avec la même satisfaction que s'il lui disait de monter à cheval. Les échasses, en effet, sont pour les pasteurs une sorte de monture avec laquelle ils peuvent faire le voyage de Bordeaux à La Teste en cinq heures, ce qui suppose près de trois lieues à l'heure. Les bergers des Landes sont tout couverts de peaux de moutons; on voit parfois, croisés sur leur dos, un fusil pour chasser ou pour se défendre contre les loups, et une poêle pour faire frire la sardine de Galice ou le *tchichon*, morceau de couënne de lard rance.

La poêle à frire est le meuble universel de la cuisine : soupe, lard, côtelettes, œufs frits, œufs en mouillettes, omelettes, poulet sauté, pommes de terre, cruchades, tout se fait à la poêle. C'est l'instrument primitif : on vous y fera chauffer de l'eau pour le thé !

Argentières, que nous laissons sur la gauche, est le nom d'un quartier qui a exercé la sagacité des étymologistes; ils n'ont encore rien trouvé. Il y a quelques cultures le long de la route départementale. On peut en apercevoir quelques champs du haut des voitures.

Douzième gare. — Canoley.

A 32,455 MÈTRES DE BORDEAUX. — A 19,847 MÈTRES DE LA TESTE.

La route est bordée de pins à droite et à gauche.

Treizième gare. — Cameleyre.

A 35,174 MÈTRES DE BORDEAUX. — A 17,130 MÈTRES DE LA TESTE.

Encore des pins et des semis tout le long du chemin. On voit de temps à autre des défrichements.

Quatorzième gare. — Facture.

A 37,000 mètres de Bordeaux. — A 16,000 mètres de la Teste.

La proportion de pins vieux augmente à mesure qu'on avance ; il en est de même des défrichements et des cultures. Dans le pays, il y a une forêt qui dépendait de la sénatorie du maréchal Pérignon.

Facture est une station importante. A droite et à un quart-d'heure de marche, se trouve le village de Biganos, qui n'était rien il y a vingt-cinq ans, et qui doit une partie de son développement à la verrerie de bouteilles créée par M. Ollivier.

C'est à Facture que viennent s'embarquer tous les voyageurs provenant des villages qui bordent la côte nord du Bassin d'Arcachon : Arès, Lège, Andernos, Lanton, Audenge, Certes, etc., et ceux qui bordent la Leyre et les étangs au sud : Mios, Salles, Belin, Biscarosse, Sanguinet, Parentis, Sainte-Eulalie, Mimizan, etc.

Un embranchement du chemin de fer, qui longerait la côte nord du Bassin, et qui, fort économiquement, serait simplement servi par des chevaux, augmenterait considérablement les revenus du chemin. Il y a beaucoup de taillis de chêne à Facture.

Arès est un grand marché à poisson et à gibier ; au château d'Arès, appartenant à M. Javal, banquier à Paris, et au château de Certes, appartenant à M. Boissières, ancien officier d'artillerie et ancien élève de Roville, se trouvent de grands réservoirs où l'on prend du poisson dans les mauvais temps, pour la consommation de Bordeaux ; chez M. Boissières, il y a d'immenses salines d'un grand produit. Si, comme on doit le penser, les armateurs de pêche de morue font effectuer leur retour dans le Bassin d'Arcachon, pour y laver les produits de la pêche à l eau salée, qui les rend bien supérieurs aux produits lavés à l'eau douce, ce commerce, très important à Bordeaux, devra ajouter à la facilité des débouchés pour les sels du Bassin.

A gauche du chemin et à quelques minutes de marche de Facture, il y un haut fourneau appartenant à M. Dumora ; un peu plus loin est le village important de Mios, sur le bord de la Leyre.

On fait, à Mios et aux environs, beaucoup de charbon de chêne; pour le porter à Bordeaux et pour en revenir, autrefois un bouvier employait quatre jours, ce qui faisait revenir le charbon fort cher à celui qui le vendait; maintenant, avec l'économie de transport que présente le chemin de fer, les propriétaires de bois en retireront de grands avantages.

C'est ici l'occasion d'expliquer ce qui se passe dans les Landes relativement aux charrois.

La culture adoptée dans la généralité de la contrée consiste en seigle et en millet, qui reviennent invariablement, tous les deux, chaque année, sur le même terrain. Il s'ensuit qu'une paire de bœufs ne peut cultiver que l'étendue de terre qu'elle aura le temps d'ensemencer pendant l'époque qui est propre à l'ensemencement du seigle, et que, lorsqu'elle a effectué les transports de litière et de fumiers nécessaires à l'exploitation dudit champ de seigle, elle reste sans emploi : on peut calculer de cent vingt à cent soixante jours inoccupés. La nourriture des bœufs serait ruineuse, et le produit du seigle ne pourrait en supporter les frais, si on n'utilisait les journées au transport des marchandises.

Or, le chemin de fer, la route et le canal des Landes faisant la plus grande partie du service des transports de La Teste à Bordeaux et de l'intérieur du littoral à La Teste, il faut que les attelages cherchent d'autres emplois dans le pays; aussi s'occupent-ils déjà de l'exploitation des bois, qu'ils transportent aux gares du chemin, et au transport des minerais ainsi que des charbons pour les forges. On commence également dans le pays à opérer d'heureuses modifications dans les cultures.

La culture de la pomme de terre, par exemple, s'accroît sensiblement d'une année à l'autre; le turneps, le rutabaga, le chou cavalier, le mûrier, dont les résultats sont garantis par l'expérience de plusieurs années, enfin, des défrichements, offriront un travail aussi régulier que lucratif aux attelages disponibles, et utiliseront une force immense qui tournera au profit général de la contrée.

Le chemin de fer et le canal vont donc contraindre le pays à accroître la production territoriale ; cette influence va s'étendre, non pas seulement sur les alentours de La Teste, mais sur la contrée environnante à quinze lieues à la ronde, contrée où l'on peut compter quarante mille habitants. Plus de soixante mille journées d'attelages deviendront ainsi disponibles.

Entre la quatorzième et la quinzième gare, on trouve des terres cultivées, entremêlées de Landes, de taillis et de marais.

Quinzième gare. — La Leyre.

A 39,885 MÈTRES DE BORDEAUX. — A 12,419 MÈTRES DE LA TESTE.

Les marais augmentent à mesure que nous approchons de la Leyre. Nous franchissons les marais de Lamothe sur des remblais et sur de jolis ponts de bois. C'est dans cette partie du chemin qu'il y a eu le plus de difficultés et de dépenses ; aussi est-il bien à désirer que le chemin de fer de Bayonne vienne s'embrancher avec celui de La Teste, sur la rive gauche de la Leyre ; on jouira ainsi beaucoup plus tôt de cette importante voie de communication, et on l'aura à 30 pour cent meilleur marché. Quelques millions de plus ou de moins sont à considérer dans l'état de nos finances.

La Leyre, que nous allons traverser sur un pont élégant de 54 mètres de longueur, prend sa source près de Sore, dans le département des Landes ; elle passe sur le territoire des communes de Belin, de Beliet, de Lugos, de Saint-Magne, de Mios, de Biganos, et elle se jette dans le Bassin d'Arcachon à peu de distance du chemin de fer. Dans son état actuel, elle est en partie flottable, et ses affluents alimentent les forces motrices d'un grand nombre de hauts fourneaux ; des travaux de redressement et d'encaissement s'exécutent depuis plusieurs années pour rendre cette rivière navigable sur une longueur de 80,000 mètres, répartie sur les deux branches de la rivière. Ce sera une nouvelle source de produits pour le chemin de fer, qui transportera les bois, les planches, les fers les fontes, les résines, les laines, les cires de l'intérieur du pays, et qui y portera, en retour, des grains, des vins et des produits manufacturés.

Longtemps avant la Révolution, les marais de Lamothe étaient les parcs des seigneurs du pays, et Lamothe était une paroisse. L'absence des seigneurs depuis Louis XIII et Louis XIV, le défaut d'entretien des cours d'eau, qui a été la suite de cet abandon, a laissé exhausser le lit de la rivière par les attérissements, et la paroisse a été envahie, les champs se sont changés en un marais fangeux, et les habitants (les vieillards du pays l'ont vu) ont enlevé leurs maisons pierre à pierre, et les ont transportées dans l'intérieur.

Lors des fouilles pour la construction de la route départementale, il y a quelques années, et plus récemment, quand on fit les terrassements du chemin de fer, on trouva dans ce quartier, des ruines romaines et des médailles.

A la sortie du pont de la Leyre, à gauche, dans les marais, on distingue une fontaine surmontée d'un petit dôme en maçonnerie; elle est l'objet d'une grande vénération dans le pays : on lui attribue la propriété de guérir les maladies des yeux. On la nomme la Fontaine Saint-Jean.

Entre la quinzième et la seizième gare, nous trouvons des marais, des bois taillis et des bouquets de pins. Aux approches du Teich, les cultures commencent à border la route.

Seizième gare. — Le Teich.

A 42,475 MÈTRES DE BORDEAUX. — A 7,979 MÈTRES DE LA TESTE.

Le village du Teich est à droite; on aperçoit l'église. L'ancienne Compagnie d'Arcachon possède, dans cette commune, 5,000 hectares de terrains, sur lesquels il y a déjà 750 hectares en pins de 22 ans, 3,500 hectares en semis de pins de 5 à 12 ans; elle continue ses ensemencements. La Compagnie laisse aux habitants du Teich la faculté de conduire leurs troupeaux dans ses bois défensables, moyennant une légère redevance de 15 centimes par tête de mouton et de 3 francs par tête de vache.

Sur la commune du Teich, se trouve également la forêt de Nézer, appartenant à M. Yrigoyen, où on avait établi une scierie à vapeur, qui a cessé depuis 1836, et dont on voit les constructions sur la gauche. Les meilleurs arbres ont été convertis en planches, les autres en charbon pour les forges. Tout le pays que nous traversons maintenant est cultivé. On y sème encore moins dru qu'à La Teste, soit environ un demi-hectolitre à l'hectare.

Dix-septième gare. — Cantaranne.

A 44,325 mètres de bordeaux. — a 7,979 mètres de la teste.

On distingue sur la droite, à travers les arbres, un vieux château à tourelles ; c'est l'ancienne habitation des derniers captaux de Buch. Il appartient maintenant à M. Festugière. Il y a sur cette propriété un troupeau de mérinos, l'un des plus anciens de France ; prés, métairies, pacages, prés salés, réservoirs à poissons, garennes, taillis, chênes, pins, ruches, grandes constructions, on trouve tout dans ce domaine.

Au moment où l'on dépasse les arbres qui bordent la route, à droite, on aperçoit à l'horizon une ligne brillante au-dessous d'une côte boisée et très éloignée : c'est le Bassin d'Arcachon qui commence ; il offre un joli coup-d'œil lorsque le temps est beau, et que l'on peut apercevoir les villages qui bordent le côté du nord.

Dix-huitième gare. — Mestras.

A 46,100 mètres de bordeaux. — a 6,204 mètres de la teste.

Mestras est le principal quartier de la commune de Gujan ; c'est là qu'habite présentement le maire de la commune.

Nous traversons de niveau la route départementale avant d'arriver à Mestras.

Un projet de canal, de port et d'établissement de bains, dans l'emplacement du chenal actuel de Mestras, est sur le point de recevoir son exécution.

Dix-neuvième gare. — Gujan.

A 48,037 mètres de bordeaux. — a 4,267 mètres de la teste.

On va maintenant passer près des maisons qui bordent la

route départementale, et qui donne à cette route un aspect riant et plein de vie, dont les voyageurs qui venaient autrefois en voiture étaient agréablement frappés. Le chemin de fer a dû naturellement éviter les maisons le plus possible; et comme il a été forcé, en conséquence, de se rapprocher du Bassin, il s'ensuit qu'il traverse les parties les moins cultivées. Le voyageur en wagon ne peut donc apprécier l'importance de la chaîne de villages qu'il va longer, ni celle des cultures du pays.

On éprouve cette impression défavorable surtout lorsque la mer est basse et que les prés salés découverts s'étendent à perte de vue à la droite du chemin. Au moment de la haute mer, au contraire, le Bassin maritime, dont les flots viennent battre les bords de la levée du chemin de fer, présente un spectacle magnifique. On aperçoit, à certains moments, une multitude de barques qui voguent à toutes voiles.

On s'arrête près de l'église de Gujan, qui était devenue trop petite pour la population et que l'on vient d'agrandir. Monseigneur l'archevêque de Bordeaux, qui veille avec une paternelle sollicitude sur les points les plus humbles du diocèse confié à sa haute sagesse, a inauguré la nouvelle construction de l'église à la fête patronale de Saint-Michel.

Gujan (en y comprenant Mestras) est le port de pêche le plus important du Bassin. On dit à Bordeaux que le poisson vient de La Teste, parce que La Teste est la capitale de la contrée; mais, en effet, le poisson vient surtout de Gujan. C'est à Gujan que se rendent les habitants de La Teste lorsqu'ils veulent s'assurer de bons et de beaux poissons. La population de cette commune a augmenté d'un cinquième environ depuis le dernier recensement, et continue de s'accroître rapidement si on en juge par les nombreuses constructions qui s'élèvent principalement dans les quartiers du Bourg et de Mestras.

On a fait, cette année, près de la gare de Gujan, l'essai d'un parc à huîtres.

Gujan reçoit en été un grand nombre de baigneurs qui se logent dans les habitations particulières et vont prendre leurs bains à la passerelle de M. Daney, que l'on voit en face de la gare.

La culture de la commune de Gujan, sur le parcours du chemin de fer, consiste en vignes. Le froment, le seigle, le mil, le maïs et les pommes de terre se cultivent plus loin, en-deçà et en-delà des bois de pins qui forment un rideau sur la gauche. La vigne donne un assez bon revenu : le vin se vend couramment de 45 à 50 francs la barrique bordelaise.

On a introduit, depuis quelques années, dans la commune de Gujan, une culture très intéressante : c'est celle du riz. Elle se pratique avec beaucoup de succès en ce moment sur 3 à 400 hectares dans les terrains vendus par l'ancienne Compagnie d'Arcachon, situés à quatre kilomètres du bourg.

Il y avait autrefois beaucoup de vignes autour de La Teste; mais à mesure que le boisement des dunes limitrophes s'est effectué, on a dû les arracher, à cause des gelées qu'amenait le voisinage des bois; on les a remplacées par l'assolement suivant, qui donne trois récoltes en deux ans, et qui produit du fourrage : Première année, froment; après la moisson du froment, trèfle incarnat; deuxième année, après la récolte du trèfle, maïs.

Après avoir quitté la gare de Meyran, on aperçoit, en avant, sur la droite du chemin, une grande cheminée d'usine : c'est un atelier de fabrication pour les matières résineuses, appartenant à la Compagnie d'Arcachon, où MM. de Bégué et Violette font en ce moment l'application d'un procédé perfectionné pour l'extraction des essences de térébenthine.

Immédiatement après avoir passé devant la cheminée de l'usine, on traverse, sur un pont en bois, le Canal de la Compagnie des Landes, dont on voit, à droite, les belles constructions, et l'on entre sur la commune de La Teste.

Le canal de la Compagnie des Landes est livré à la navigation jusqu'au pied du pont du chemin de fer; par ces deux voies de communication, Bordeaux se trouve en relation immédiate avec l'intérieur du littoral des Landes sur un parcours de cent mille mètres. L'une des plaies des Landes étant la difficulté et la cherté des moyens de transport, et ces deux voies économiques réduisant des trois-quarts les frais de roulage, il en résulte déjà entre Bordeaux et toute cette contrée un grand mouvement d'affaires qui doit tourner à la fois au bénéfice de Bordeaux, au bénéfice des Landes et tôt ou tard au bénéfice des propriétaires du canal et du chemin de fer.

Arrivée à La Teste.

A 52,304 MÈTRES DE BORDEAUX.

Nous traversons des terres cultivées et nous arrivons à La Teste. Nous descendons sur une place circulaire, où viennent aboutir trois avenues plantées par la Compagnie du Chemin de Fer : celle de face arrive devant l'hôtel du Chemin-de-Fer; celle de droite conduit à un chenal qui va être prolongé, et à la chaussée des bains d'Eyrac.

Ici, lecteur, quoique à peu près à destination, vous avez à opter entre La Teste même et les bains d'Arcachon.

Si vous restez, le bel hôtel du Chemin-de-Fer vous offrira bonne table, guides intelligents, voiture pour les bains et la promenade. — Dans l'autre cas, prenez place soit dans l'un des nombreux omnibus qui stationnent près de la gare, soit dans une des tillottes du chenal.— Les uns et les autres vous rendront sûrement et promptement à cette plage d'Eyrac, où vous attend un merveilleux exemple de transformation opérée par la rapidité des moyens de transport.

Avant l'ouverture du chemin de fer, il n'existait, en effet, sur cette plage que trois ou quatre établissements de bains. On y compte aujourd'hui plus de 200 maisons tant particulières qu'hôtelleries, et c'est par cinquantaine que le nombre s'en accroît chaque année. Si agréable est la position de ces bains, si grande la faveur dont ils jouissent déjà, que ces nouvelles constructions ne suffiront pas toujours à l'affluence des baigneurs. L'achèvement prochain du chemin de fer de Paris permet d'espérer que cette prospérité ne fera que s'accroître.

Je souhaite, lecteur, que vous quittiez Eyrac avec cette

opinion, et je vous y laisse entre les mains d'un autre cicerone qui se chargera de vous en montrer les curiosités et de diriger vos promenades aux environs.

FIN.